广州美术学院研究生教育项目资助

纯电动汽车
内外饰场景化设计

李 勇　郝瑞敏◎著

机械工业出版社
CHINA MACHINE PRESS

《纯电动汽车内外饰场景化设计》在智能网联和电驱动技术高速发展，推动汽车设计变革的背景下，从分析影响纯电动汽车内外饰设计的因素入手，先提出场景需求理论下的设计流程与方法，再阐述基于SRI场景分析模型的典型场景分析策略，最后围绕车内典型场景，分析纯电动汽车的内外饰设计变化趋势，构建和实践了"由内而外"的纯电动汽车设计理念与方法，为纯电动汽车设计提供了新思路。

本书既适合作为高等院校汽车设计、交通工具设计及工业设计相关专业师生的教学参考读物，也适合作为从事汽车设计相关工作的设计师、研究人员的工作参考读物。

图书在版编目（CIP）数据

纯电动汽车内外饰场景化设计 / 李勇，郝瑞敏著.
北京：机械工业出版社，2025. 5. -- ISBN 978-7-111-78313-8

Ⅰ. U469.72

中国国家版本馆CIP数据核字第2025HN0102号

机械工业出版社（北京市百万庄大街22号　邮政编码100037）
策划编辑：孟　阳　　　　　　　　责任编辑：孟　阳
责任校对：王文凭　王小童　景　飞　封面设计：马精明
责任印制：李　昂
北京利丰雅高长城印刷有限公司印刷
2025年7月第1版第1次印刷
169mm×239mm・10.5印张・173千字
标准书号：ISBN 978-7-111-78313-8
定价：99.90元

电话服务　　　　　　　　　　网络服务
客服电话：010-88361066　　　机　工　官　网：www.cmpbook.com
　　　　　010-88379833　　　机　工　官　博：weibo.com/cmp1952
　　　　　010-68326294　　　金　书　网：www.golden-book.com
封底无防伪标均为盗版　　　　　机工教育服务网：www.cmpedu.com

前 言

汽车产业是我国国民经济的战略性、支柱性产业，目前我国正处于从汽车大国到汽车强国的发展阶段。自2009年起，我国汽车产销量已经十余年蝉联全球第一位。随着自主品牌创新能力的不断提高，我国汽车产业正呈现出强劲的发展势头，特别是在电动化和智能化方面，已经开始处于全球领先地位。

汽车电动化在我国得到了快速发展。一方面，全球工业化、城镇化的快速推进导致能源和环境问题日益加剧，未来全球能源需求将持续增长，能源供应压力将进一步增大，节能、环保、可持续发展已成为国际共识；另一方面，利好政策进一步刺激电动化进程，持续近二十年的新能源汽车补贴政策使电动汽车市场占有率迅速提高，国务院2020年发布的《新能源汽车产业发展规划（2021—2035年）》提出愿景，到2035年，我国的新能源汽车核心技术达到国际先进水平，并全面实现汽车电动化转型。

智能网联和电驱动技术的运用，为汽车设计的思维、方法和流程变革带来了可能性。纯电动汽车与传统燃油汽车在内外饰设计理念上呈现出明显差异。总体来说，传统燃油汽车被认为是"工业产品"，强调功能和造型，设计方法基本承袭百年以来的历史传统，即"由外而内"——先进行外饰造型设计，再确定内饰设计，强调汽车是"移动的雕塑"，更多追求形式美感。在新技术和"以人为本"的设计思想共同影响下，纯电动汽车成为"智能产品"，强调体验和服务，纯电动汽车设计方法呈现出"由内而外"发展的必然趋势——先进行内饰空间设计，再推演外饰设计，聚焦用户场景体验，强调汽车是"移动的空间"。本书在这种发展背景下，从分析影响纯电动汽车内外饰设计的因素入手，围绕车内典型场景，分析了纯电动汽车的内外饰设计趋势，构建和实践了"由内而外"的纯电动汽车设计理念与方法，为纯电动汽车设计提供了新思路。

李嵘、齐露莎、林晓鹏和武银路等为本书的编写工作提供了大力帮助，在此由衷感谢。

目 录

前言

第 1 章
影响纯电动汽车设计发展的因素

1.1　影响纯电动汽车发展的客观因素　　　　　　　　　… 004
1.2　影响纯电动汽车内外饰设计的技术因素　　　　　　… 007
1.3　影响纯电动汽车内外饰设计的布局因素　　　　　　… 013
1.4　影响纯电动汽车内外饰设计的其他因素　　　　　　… 018
1.5　纯电动汽车外饰造型要素的变化趋势　　　　　　　… 022
1.6　纯电动汽车内饰系统要素的变化趋势　　　　　　　… 030
小结　　　　　　　　　　　　　　　　　　　　　　　… 034

第 2 章
基于场景需求理论的纯电动汽车设计流程与方法

2.1　场景分析的理论架构　　　　　　　　　　　　　　… 037
2.2　基于知识图谱的产品设计场景理论　　　　　　　　… 039
2.3　设计研究中的场景分析法　　　　　　　　　　　　… 045
2.4　场景分析法在纯电动汽车内饰设计中的价值　　　　… 051
2.5　基于场景需求理论的纯电动汽车内饰设计流程
　　 与方法　　　　　　　　　　　　　　　　　　　　… 053
小结　　　　　　　　　　　　　　　　　　　　　　　… 060

第 3 章
基于 SRI 场景分析模型的典型场景分析策略

3.1	SRI 六步场景分析模型	... 062
3.2	基于用户出行行为的场景设定	... 064
3.3	用户体验需求	... 066
3.4	场景要素与布局设定	... 068
3.5	纯电动汽车的典型场景建立及描述	... 074
	小结	... 118

第 4 章
用户需求升级对纯电动汽车内外饰设计的影响

4.1	纯电动汽车的用户需求变化	... 120
4.2	出行变化对纯电动汽车内外饰设计的影响	... 125
4.3	场景体验多样化对纯电动汽车内外饰设计的影响	... 130
	小结	... 137

第 5 章
纯电动汽车内外饰设计的变化趋势

5.1 纯电动汽车外饰造型的变化趋势 ... 141

5.2 纯电动汽车内饰布局的变化趋势 ... 146

5.3 未来出行方式与出行工具内外饰设计案例分析 ... 149

5.4 纯电动汽车与传统燃油汽车内外饰设计风格的差异 ... 158

小结 ... 159

参考文献 ... 161

第1章
影响纯电动汽车设计发展的因素

纯电动汽车具有减少环境污染、提高能源利用效率的重大优势，大力发展纯电动汽车产业不仅可以缓解能源和环境压力，还能加快汽车产业转型升级，培育新的经济增长点和国际竞争优势。如图1-1所示，影响纯电动汽车设计发展的因素主要包括两方面：一方面是产业层面的因素，即纯电动汽车客观的发展条件，包括我国与纯电动汽车产业发展直接相关的能源储备情况、市场环境、相关政策，以及我国人口分布特征下的出行方式等；另一方面是产品层面的因素，即纯电动汽车自身的技术发展因素，涉及纯电动汽车相关的动力系统、电池技术、结构工程等，这些要素直接驱动着纯电动汽车工程结构、内饰布局及外观造型的革新。在上述两个层面的因素中，客观发展条件为纯电动汽车产业奠定了基础，而技术发展及用户需求则为纯电动汽车设计提供了最直接的驱动力。

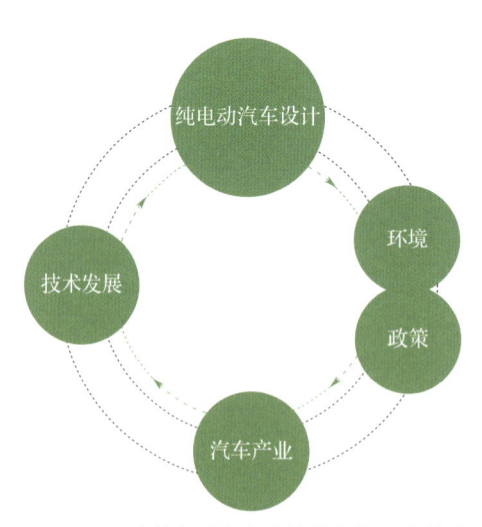

图1-1 影响纯电动汽车设计发展的因素关系

客观发展条件方面，国家采取了一系列政策激励措施来加速纯电动汽车的普及。2020年发布的《新能源汽车产业发展规划（2021—2035年）》开篇便指出，"发展新能源汽车是我国从汽车大国迈向汽车强国的必由之路，是应对气候变化、推动绿色发展的战略举措。"政策旨在加速纯电动汽车的市场高质量发展，政府自2009年以来采取了一系列激励措施，包括财政补贴、特权激励、示范激励和充电激励等。财政补贴主要包括购置补贴和购置税减免等，补贴范围从试点城市逐步扩展至全国，涵盖商用车和民用车。特权激励主要表现在纯电动汽车购买许可和电动汽车道路通行管理方面，即电动汽车不限购、不限道路通行，与传统燃油汽车相比，在购买和道路通行方面享有更多便利。示范激励指政府在公共交通、出租车、市政、邮政、环卫等领域全面推行纯电动汽车的先行购买与使用试点，以加快政府和公共部门车辆的电动化进程。充电激励措施主要指政府在电动汽车市场扩散过程中，对充电基础设施建设的高度重视和大力推动。由于现阶段纯电动汽车的续驶里程较短，且采用单一能源的电动汽车难以实现良好的动态性能，因此需要建设相应的充电基础设施。为此，各部门出台了一系列政策和计划，以鼓励充电基础设施的建设，包括提高技术标准、合理规划布局以及提供财政补贴等。

技术发展及用户需求方面，合理分析消费者购买纯电动汽车的意图，能够促进纯电动汽车市场销量及其在交通系统中的广泛应用。政府各职能部门通过强调纯电动汽车的环境效益，增强公众对纯电动汽车的认知。汽车制造商在规划纯电动汽车市场的扩张时，考虑到潜在用户对环境问题的担忧，帮助其认识到纯电动汽车具备较低的运营成本，有助于形成纯电动汽车对现有车辆（传统燃油汽车）的替代。然而，技术层面的担忧是影响消费者购买纯电动汽车意愿的关键因素。汽车设计师须关注技术变量，解决消费者对纯电动汽车技术的忧虑。由于纯电动汽车技术仍处于发展阶段，安全问题较为突出，可能降低消费者的购买意愿。纯电动汽车的关键部件，如动力电池、功率变换器、驱动电机等，在可靠性评估中发挥着重要作用。因此，汽车生产企业应注重技术改进，开发用于动力电池、驱动电机等的新材料或进行材料改性，以提高纯电动汽车的安全性。同时，车企应开发满足可靠性要求的热能管理系统，并采用先进技术检测纯电动汽车关键部件的动态退化。此外，纯电动汽车的主要部件应该实现标准化和模块化，以进一步减少车辆系统中部件设计的复杂性，提升系统的灵活性并方便后期维护。车企还应向消费者提供更多免费试驾服务，以增加他们对纯电动汽车的了解程度，从而提高消费者对电动汽车技术的信任和对纯电动汽车价值的积极认知，加速纯电动汽车的应用。在购买汽车之前，消费者会通过各种前期调研来评估创新产品的整体价值。车企应致力于提高这种整体价值，即与预期产品相关的总体收益和风险的衡量比值。政府各职能部门通过宣传纯电动汽车的优势，减轻围绕纯电动汽车的风险和误解，并致力于建设更多的汽车充电站，实现其能源的便利化获取。政府和车企需要协调努力，以使消费者更了解纯电动汽车的经济效益、舒适安全性、环境友好性和智能情感性等特征。

1.1 影响纯电动汽车发展的客观因素

目前，能源成为世界各国共同面临的重要问题，而我国对石油进口的依赖程度较高。我国汽车需求量大，石油作为传统汽车产业的重要能源，其供应的稳定性对我国汽车产业的发展至关重要。石油危机对我国汽车产业的发展极其不利。此外，长久以来，传统燃油汽车的大规模使用，对环境造成了严重伤害，尾气排放成为空气污染的主要来源之一。因此，开发清洁能源是应对能源问题、推动汽车产业稳步发展、缓解石油危机和缓解空气污染的重要手段。我国电力行业正在迅速发展和转型，总发电量呈现稳步增长趋势，为纯电动汽车发展奠定了坚实基础，特别是国家出台了一系列相关政策，使纯电动汽车在国内具备良好的发展条件。随着我国消费者对汽车需求的不断提高和市场规模的扩大，更好地促进了纯电动汽车保质保量的稳定发展。图1-2所示为影响纯电动汽车设计的客观因素关系。

图1-2 影响纯电动汽车设计的客观因素关系

1. 能源储备

当前，我国石油消耗的年增长率远远高于过去，且未来仍将保持增长趋势。石油的广泛应用，尤其在汽车领域，不仅对环境造成了一定的影响，还因其分布不均引发了一系列国际政治问题，甚至导致能源战争。传统燃油汽车主要以石油的衍生品——汽油和柴油作为燃料，如果继续大规模发展传统燃油汽车，汽车产业或将受到石油危机的直接影响。尽管我国不断提高汽车的节能标准，但石油是不可再生能源，尤其是在我国汽车产业大规模发展的背景下，石油资源已难以满足燃油汽车市场的需求。我国石油储量有限，对外依存度逐年上升，按当前消耗速度，我国汽车产业的发展将面临巨大挑战。根据我国当前能源生产情况，发展纯电动汽车更有利于解决国内石油问题。近年来，随着储能、特高压、人工智能等技术的驱动和国家政策的支持，我国电力行业正在迅速发展和转型。自2014年以来，我国发电总量的增长速度逐渐稳定。到2019年，我国的发电总量超过7.33万亿千瓦·时，同比增长4.7%。但2020年增速有所下滑。未来，电力行业有望改革，发展前景广阔，为纯电动汽车的发展提供了良好条件。在我国全口径发电装机容量中，火电仍是电力结构的主体，面对纯电动汽车的大规模发展，提高清洁能源发电量成为重要任务。

2. 市场环境

国民可支配收入的增长是推动乘用车市场增长的主要因素之一。随着城镇居民人均可支配收入的提高，大众消费者购买力不断增强，同时，汽车工业的逐渐成熟也使乘用车更加普及。汽车市场规模不断扩大，消费者对汽车品质的要求不断提高，这些因素共同推动了我国汽车产业的发展。然而能源危机、环境污染、燃油价格波动以及停车空间不足等问题，给传统燃油汽车的发展带来了诸多挑战。与此同时，政策支持在一定程度上刺激了消费者对纯电动汽车的购买意愿，为纯电动汽车的发展创造了契机。

经过十余年的高速发展，我国形成了全球最大的乘用车市场。当前，乘用车的发展节奏正从高速增长型向质量增长型转变，汽车市场也在发生相应的变化。图1-3所示为各个城市汽车保有量分布情况。在过去几年中，大部分三、四

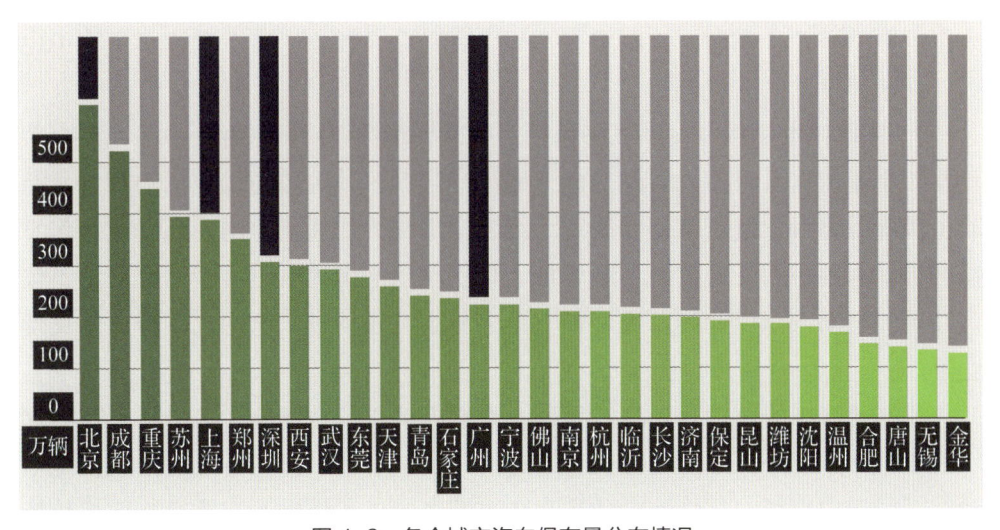

图1-3 各个城市汽车保有量分布情况

线城市的汽车保有量（按千人汽车保有量计算）低于一、二线城市。然而，目前三、四线城市乘用车的上牌率已经赶超一、二线城市，有望成为汽车消费的主要增长动力。与此同时，一、二线城市也迎来了二次购车潮。由于我国人口在一、二线城市和沿海城市的分布特征，小型节能汽车在这些地区得到了更好的推广。

为满足纯电动汽车的市场需求，我国在发展纯电动汽车方面进行了诸多努力，为纯电动汽车的发展创造了诸多有利条件。图1-4所示为2015—2019年我国新能源汽车及纯电动汽车的保有量。

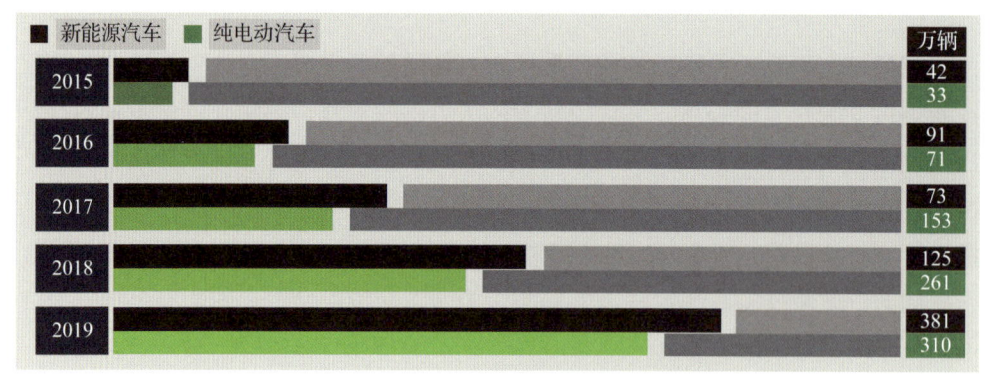

年份	新能源汽车（万辆）	纯电动汽车（万辆）
2015	42	33
2016	91	71
2017	73	153
2018	125	261
2019	381	310

图1-4　2015—2019年我国新能源汽车及纯电动汽车的保有量

1）企业的强强联合：通过企业的联合研发，取长补短，充分发挥各家企业的优势，从而促进纯电动汽车产业的高质量发展。自2010年起，我国成立了中央企业电动车产业联盟，该联盟包括三个委员会，涵盖了纯电动汽车产业的生产、设计、销售等各个方面。

2）明确纯电动汽车发展战略目标：明确战略目标对国家和企业的发展至关重要。企业依据自身的规划及目标开展生产活动，其内部的文化活动和宣传活动也围绕战略目标进行策划和制定。经济全球化的加速使得国内外企业合作日益频繁，国内跨国公司数量不断增加。特别是当前国内自主品牌的崛起，不仅为我国纯电动汽车产业的发展带来了更多机会，还促进了电动汽车行业的良性竞争。

纯电动汽车的设计越来越多元化，消费人群也日益细分。除出租车市场这一主要潜在市场外，一些经济相对发达的中小城市和沿海城市也逐渐成为纯电动汽车的潜力市场。尽管纯电动汽车在短期内难以实现爆发式增长并取代传统燃油汽车，但总体上其发展前景依然良好。

3. 政策导向

纯电动汽车的发展离不开国家政策的支持，国家出台了一系列纯电动汽车研发扶持政策并取得了相应成效，而且目前仍在努力完善政策措施，以进一步推动纯电动汽车的发展。

近年来，纯电动汽车的发展势头良好，逐渐获得了市场的认可。为了进一步加快纯电动汽车保质保量的发展步伐，国家放宽了纯电动汽车市场运行限制，同时加强了市场安全和质量监管，以确保产业的健康发展。相关法规也应做好预备文件，以及时应对纯电动汽车发展过程中遇到的问题。在投资市场方面，监管力度的加强和市场透明度的提升，有助于保障纯电动汽车交易平台的公正性，从规则层面推动产业的稳定有序发展。各地汽车市场和汽车企业积极响应国家号召，制定了各自的纯电动汽车研发生产策略，为我国纯电动汽车的发展奠定了坚实基础，同时也优化了实体经济，推动了汽车产业的全球化发展。

《汽车产业调整和振兴规划》将新能源汽车产业纳入我国七大战略新兴产业，对产业发展进行了全局性、长期性、战略性的部署。财政部、科技部、工业和信息化部、国家发展改革委、商务部、市场监管总局、住房和城乡建设部、税务总局、海关总署、交通运输部等部委纷纷出台新能源汽车产业政策，全方位、多角度促进新能源汽车产业快速发展。政策主要涵盖目标规划、推广示范应用、资金支持、技术支持、行业准入、用户补贴、税费减免、公共服务、技术创新、法规规范、政府采购等方面，累计出台约40多项政策。

1.2 影响纯电动汽车内外饰设计的技术因素

纯电动汽车技术的发展对汽车结构产生了深远影响。纯电动汽车设计是技术与艺术的有机结合，是科技的进步、环保意识的增强以及能源节约的充分体现。不同技术的应用也为纯电动汽车的外观设计带来了多样性。纯电动汽车动力的变化引发了自身一系列相关机构的变化，如冷却系统、传动系统、燃油供给系统等，这些机构的变化几乎彻底改变了车辆的结构、比例、姿态和型面等。内饰布局摆脱了传统框架的约束，变得更加自由多样，空间的利用率更高且整体性更强。车辆内外饰联系也更加紧密，车辆本身的功能及形式也突破了传统束缚。

1. 动力及冷却系统

在纯电动汽车的动力系统中，内燃机被电机代替，原来与内燃机相关的冷却系统也随之消失。纯电动汽车的电机较内燃机具有体积小、质量轻、结构简单、噪声小、装配及布局方便等诸多优点。就车辆本身而言，采用电机驱动后，一方面，发动机舱的空间占用大幅减少，内燃机被代替后，发动机舱只起到碰撞安全及悬架结构包裹的功能，动力布局位置及布局形式较传统燃油汽车更自由、更方便；另一方面，复杂的内燃机及其相关机构被电机所代替，零部件大幅简化，降低了内部工程布置难度，同时汽车内部的空间进一步扩大，内饰的整体性更强，利用率更高，乘员布局也更加自由。

电机不像内燃机那样依靠热能转换来驱动车辆行驶，产生的热量更少，无需庞大的冷却系统。因此，冷却系统中占用空间较大的散热器、散热片等部件得以省略。在外观上，除了车辆的整体比例，纯电动汽车与传统燃油汽车最明显的差异之一便是发动机舱的前格栅。纯电动汽车的前格栅通常会被封闭处理，或设计为其他图形形式的封闭结构。内燃机的原始位置被进一步压缩或直接取消后，车辆结构变得更加紧凑，内部空间也相对向前延伸。

图1-5所示为传统燃油汽车发动机前置后驱的动力布局。汽车动力及动力相关机构的变化直接影响了汽车的结构和布局。在一般前置发动机的车辆中，内燃机被电机代替后，其A柱便可前移，车辆驾驶舱结构发生改变，车辆前部结构进一步压缩，整个驾驶舱空间向前延伸，驾驶位置的空间也随之向前扩展。在外观上，车辆的整体比例也发生了变化，如图1-6所示。随着内燃机冷却系统的消失，发动机舱结构得以简化，空间利用率提高，车辆前保险杠系统的散热格栅也被弱化或直接取消。在外观上，纯电动汽车前保险杠系统的设计与传统燃油汽车形成鲜明对比，凸显了纯电动汽车的特征，在视觉上整体感更加强烈，更简洁。在功能上，封闭的格栅降低了车辆行驶时的空气阻力，一定程度上实现了节能并减少了发动机舱的集尘。纯电动汽车驱动系统的布局更加灵活多样。例如，传统燃油汽车采用前驱或后驱形式时，会占据前围或后围一定空间，甚至拉长前悬或后悬。而纯电动汽车采用轮毂电机进行独立四轮驱动时，前后围所占空间相对减小。纯电动汽车驱动系统布置的不同，不仅影响其整备质量、

车身尺寸、车体形状等，还解放了工程布置和内饰乘员布局的限制，为车辆外观造型设计的多样化提供了条件。

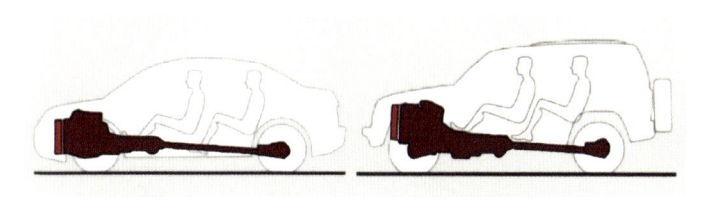

图1-5　传统燃油汽车发动机前置后驱的动力布局

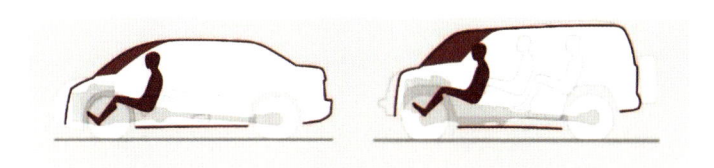

图1-6　传统燃油汽车内燃机取消后的空间及比例变化

动力系统的变化对纯电动汽车的影响是多方面的，不仅改变了动力相关系统，还成为影响整车工程结构和各个子系统布局变化的源头。这些子系统的变化又会影响到车辆内饰的布局模式，而内饰的布局模式又影响到对用户需求的响应。不同用户需求下，内饰呈现出不同的布局形式。在外观上，动力系统的变化对纯电动汽车的内部空间影响最大，如前排座椅、中央过道等空间布局。此外，它还影响到各种相关系统，如燃油供给及排气系统、传动及制动系统等。这些内部变化直接决定了车辆外在的比例。因此，技术发展对纯电动汽车各方面布局及造型的影响，基本上是从动力系统开始的。在新的动力系统下，车辆的原始外观比例因结构变化而改变，内饰布局也随之调整。

2. 燃油供给和排气系统

电机取代内燃机后，燃油供给系统和排气系统也随之消失，原本被油气管路、燃油箱、排气管、催化转化器、消声器等部件占用的空间得以释放，为车辆设计提供了更大的灵活性。内饰地板因此更加整洁，行李舱空间增大，后排乘员的布局也更加自由。

如图1-7所示，在一般前置发动机的车辆中，燃油箱及相关装置通常位于车辆后部行李舱前下方。这使得内燃机与燃油箱之间的输油管路需要贯穿整个底盘，增加了底盘工程布置的复杂性和安全隐患。燃油箱还占据了行李舱和车内后排座椅的大量空间，而加油和输油装置以及内燃机燃油输入装置也分别在车辆前后额外占据了一些空间，进一步增加了工程布置的任务量。此外，在传统燃油汽车中，燃油箱及其输油管路一直是交通事故后的二次伤害隐患，极易引发火灾。

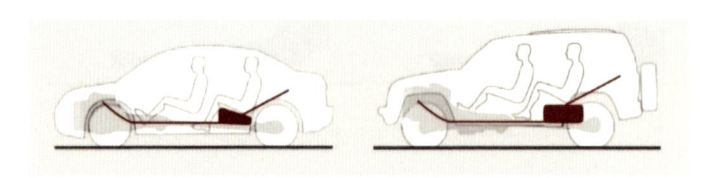

图1-7 传统燃油汽车的燃油供给系统

在前置发动机车辆中，排气系统与燃油供给系统类似，其排气管需要贯穿整个底盘下方，增加了底盘工程布置的复杂性，如图1-8所示。排气系统包括排气歧管、催化转化器和消声器等部件。排气歧管是发动机舱内直接导热量最大的零件，进一步占用了发动机舱的空间。随着燃油汽车排放标准的日益严格，为了降低排气污染和行驶噪声，车辆通常配备了排气催化转化器和消声器。这些部件不仅占用底盘空间、增加布置复杂性，还增加了车辆底部的风阻和工程难度。相比之下，纯电动汽车的驱动电机在工作过程中不产生气体排放，因此排气管、催化转化器等部件被省去，这不仅降低了工程难度，还使车辆底部变得更加平整，进一步提升了整车的空气动力学性能。

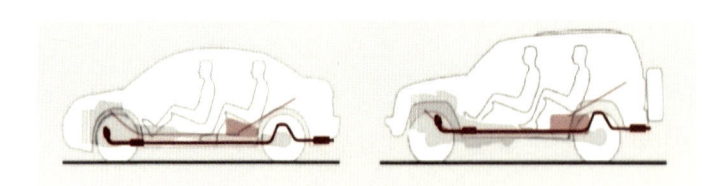

图1-8 传统燃油汽车的排气系统

在纯电动汽车中，排气系统的消失以及燃油箱被动力电池包取代，使能源布局更加灵活，行李舱空间得以释放，后排座椅布局的自由度提高，后排乘员的活动范围也大幅增加。这些变化为更多元的内饰活动场景奠定了基础，也为纯电动汽车的差异化设计提供了一定的条件。通常，动力电池包被布置在驾驶舱地板下方，并整体包裹以与驾驶舱隔离。这种布局不仅保证了乘员的安全，还降低了车身重心，有利于提高车辆的稳定性和空气动力学性能。

内燃机及其燃油供给和排气系统的消失，对车辆的后部空间和发动机舱内部零部件布局产生了显著影响,如图1-9所示。这些变化不仅使前悬可以设计得更短,还进一步影响了车辆的外观比例。而动力电池包的布置相对燃油箱更加灵活,其布置方式的差异也会影响车辆内部零部件的布局,甚至改变车辆外观比例。例如,针对动力电池包通常布置在地板上的纯电动汽车,其裙边相对更加厚重,车辆姿态更加低趴,或者因内部坐高增加而使车辆整体高度更高。尽管排气系统对车辆乘员和零部件布局的直接影响有限,但其简化有助于优化车辆底盘结构,为零部件的布置和安装提供便利。同时,车辆尾部排气管的消失也简化了后围的造型特征,成为区分传统燃油汽车与纯电动汽车的显著标志之一。

图1-9 排气系统及燃油供给系统消失后的后部空间变化

3. 传动与制动系统

在发动机前置后驱的传统燃油汽车中,传动机构主要由离合器、变速器、传动轴、万向节和差速器等组成,如图1-10所示。动力的传输需要由车辆前部的发动机经过离合器,传递到变速器调速之后,再由硕长的传动轴传输到驱动桥上,从而驱动车辆行驶。这种传动系统贯穿车辆的整个底盘,是影响底盘工程设计的主要因素之一,同时也对内饰布局和造型设计产生了一定影响,例如变速器在车辆内部前排座椅处的凸起。传统燃油汽车的制动系统主要包括真空助力器、制动液储液罐、轮毂制动装置等。制动系统主要分布在驾驶舱前部,其中轮毂是受制动系统影响最大的部件之一。在传统制动系统中,车辆制动时动能转化为轮毂和制动片的内能,频繁制动的情况下会导致轮毂温度升高。这不仅使轮毂设计须更多考虑散热效果,限制了材料应用和设计形式,还造成了车辆动能的浪费。

图1-10 传统燃油汽车发动机前置后驱的传动系统

变速器和传动轴是影响车辆内饰布局及造型设计的主要因素。变速器在前排座椅处占用较大空间，并形成前排地板凸起。同时，为了方便驾驶人操纵变速杆，前排座位呈左右分开的布局，影响了主副驾驶位的活动空间及中控台的设计。由于车辆驱动桥的高度和发动机的布局位置的限制，传动轴几乎需要穿过整个底盘，并在垂直方向上呈现一定斜度，以实现变速器到驱动桥之间的动力传输。为了适应传动轴的高度并保证底盘与地面的合适距离，传动轴须凸出内饰地板一部分，这牺牲了内饰地板的平整性，后排空间从地板上被左右隔开，乘员布局进一步受限。复杂的驱动桥在车辆后方占据了较大的空间，并直接影响内饰后排座椅的布局和空间利用率。刚性的传动轴和驱动桥都为底盘工程和内饰的布局带来了巨大的限制。

在纯电动汽车中，驱动电机的电能输入及变速控制主要通过柔性导线实现，因此传统的刚性传动轴、万向节、离合器等部件可完全省去。这使得纯电动汽车的零件布置更加灵活，柔性的导线占用空间较小，灵活性高，且工程布置更方便。纯电动汽车变速操作可通过电子控制装置调节电压、电流或磁场来实现，传统机械变速器因此可以取消，车身底盘的工程结构得以简化。变速器的取消不仅扩大了乘员的活动空间，还打通了前排乘员布局的限制。驱动电机的应用使车辆变速操作更加便捷，并可实现无级变速。当采用轮毂或轮边电机驱动时，车辆的驱动轴、驱动桥及相关机械调速装置可以完全取消，进一步解放了原来驱动桥和半轴所占用的空间。此外，当纯电动汽车采用动能回收装置制动时，传统制动系统中的真空助力器等部件也可以省去，进一步释放了驾驶人脚部的空间。动能回收装置在车辆制动或滑行时，可将动能转化为电能储存起来，同时减少制动时轮毂产生的热量。因此，轮毂设计不再受散热性能和散热材料的限制，结构形式可以更加多样化。

机械传动与制动系统对车辆最大的影响主要体现在内饰前排乘员的左右空间、内饰地板的平整度及车辆左右中心对称面（Y0面）的变化上，如图1-11所示。传动系统取消后，车辆前排乘员之间的通道得以打开，中控系统可被简化并整合到驾驶人前方的控制台上，从而突破了驾驶人与中控台之间传统的交互关系。前排乘员的布局向前移动，这不仅优化了内部空间，还影响了车辆的驾驶舱长度。传动轴的取消从根本上改变了内饰地板凸凹不平的特征，极大提高了座椅位置布置的灵活度。制动系统对车辆内部结构及外在比例的影响不如传动系统显著，但纯电动汽车的制动采用动能回收装置时，会显著影响轮毂设计，使轮毂设计不再受到其散热性能的限制，从而在结构形式上更加多样化。

图1-11 传动系统消失后的内饰空间变化

1.3 影响纯电动汽车内外饰设计的布局因素

需求的进步推动了技术的发展，而技术的革新又拓展了应用场景。纯电动汽车的动力和能源变化，本质上是人们需求变化驱动的技术发展的结果。纯电动汽车的设计变化也反映了当前人们的出行需求。纯电动汽车动力系统的发展彻底改变了车辆的结构，使车辆的动力布局较传统燃油汽车更加灵活。传统燃油汽车的动力系统一直是制约乘员布局及外观设计的重要影响因素。动力系统的变化为内饰布局带来了极大的自由度，较大程度上简化了车辆的结构并降低了工程难度。同时，纯电动汽车在外观上也打破了传统的比例模式，内饰布局和外观形式更具特性。纯电动汽车的发展一方面改变了车辆的形式，另一方面丰富了人们的出行方式及出行体验。

1. 动力布局

在纯电动汽车中，内燃机和燃油箱被驱动电机和动力电池所取代，动力系统的布局不再局限于传统燃油汽车发动机—变速器—驱动桥的固定排列方式，如图1-12所示。由于电机的输出特性与内燃机不同，纯电动汽车省去了很多零部件，驱动系统布置更加灵活，尤其是减少了动力传递过程中因复杂的机械连接而造成的能量损耗。纯电动汽车动力系统的结构布置受电机位置及

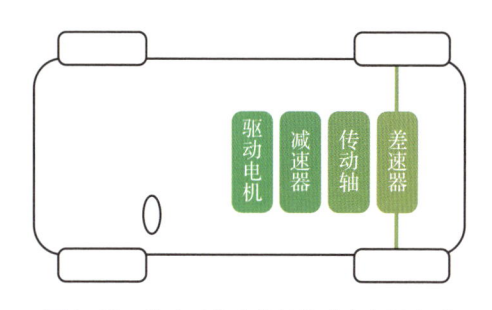

图1-12 纯电动汽车传统的动力布局方式

种类的影响，且可配备多个动力系统，而电机驱动方式又决定了纯电动汽车驱动系统的布置，电机驱动方式的多样性也影响了驱动系统的多样性。

采用单电机集中驱动的纯电动汽车，本质上是将传统燃油汽车的内燃机更换为驱动电机，这种布局方式取消了离合器和变速器，显著减少了能量传递过程中的损耗，并大幅缩小了减速器的体积。然而，其传动轴、差速器的布置与传统燃油汽车相比无太大差异。由于这种驱动布置形式无法变换档位，其应用范围并不广泛。单个驱动电机、减速器及差速器采用一体化设计形成单独模块，类似于前置前驱的传统燃油汽车。如图1-13所示，当车辆驱动系统采用电机与驱动桥直接组合的方式时，离合器、变速器及传动轴可被取消，而差速器则被保留并直接组合到驱动桥中，通过两个半轴来向车轮传递动力。这种布局方案极大地降低了动力系统对车内空间的占用，使传动过程所需零部件减少，传动效率得到提高，结构得到简化，并降低了车辆的重量。这种布局方式灵活度极高，可轻松布置在车辆的前轴或后轴上，实现四轮驱动，达到机械最小化、空间最大化的效果。然而，此布局方式对电机的要求较高，一方面需要电机具有较高的瞬时转矩，另一方面须保证起动后具备足够的功率，因此这种布置形式一般应用于低速纯电动汽车。

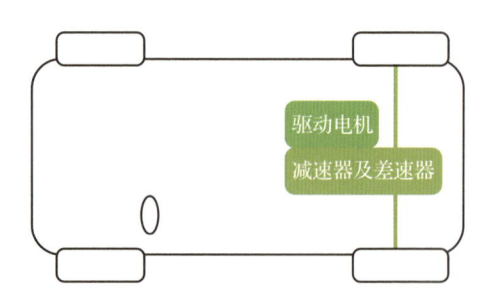

图1-13 电机与驱动桥组合的布局方式

在纯电动汽车中，采用后驱布局时，驱动电机和减速器可以一体化设计，从而减小电机与驱动轮之间的动力传输距离，并简化底盘结构，如图1-14所示。这种一体化设计改善了电机与电机控制系统之间的运行协调性。有时，这种布局方案还会搭配两个档位的变速器，例如保时捷Taycan。纯电动汽车动力系统的另一种布局方式更加简洁，这种布局也取决于电机本身的结构特征，即轮边电机，如图1-15所示。轮边电机的最大特点是由独立的电机控制单个车轮的转速，取消了差速器的设计。轮边电机和减速器被整合到驱动桥上，并采用刚性连接的方式，通过二级减速装置直接将动力传递至驱动轮。这种布局简化了纯电动汽车的传动线路，减少了动力传输过程中由复杂机械造成的损失，同时降低了车辆的高度，减少了对车内空间的占用，并减轻了整车重量。轮边电机除了给布局带来优势外，其本身的反应也更加迅速，各个电机能够单独控制车辆横向、纵向的力矩，从而提高车辆稳定性。在同等功率需求下，功率可以分配到各个电机上，减小了单个电机的尺寸，使整车布置更加灵活。这种驱动形式显著提高了内饰空间利用率，并且行驶过程中的稳定性更好。

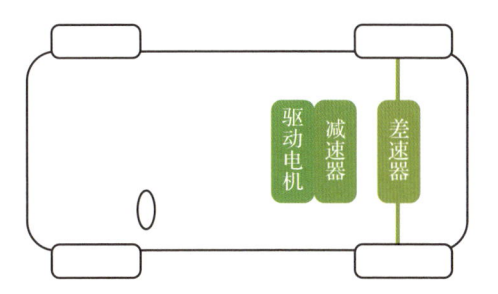

图1-14　驱动电机与减速器一体化的布局方式

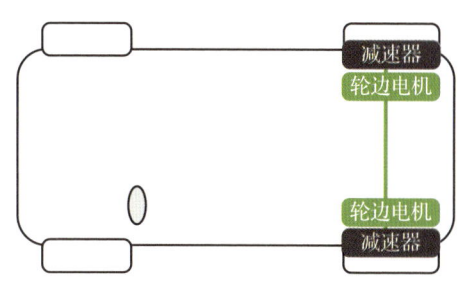

图1-15　轮边电机的布局方式

在纯电动汽车中，采用轮毂电机的动力系统，其布置方式更加紧凑，如图1-16所示。轮毂电机本身集成了传动、变速及减速功能，以轮毂作为转子，以转向节作为定子，驱动电机本身可直接作为车辆的驱动轮。采用轮毂电机驱动的纯电动汽车，理论上能够减少动力系统的零件数量以及体

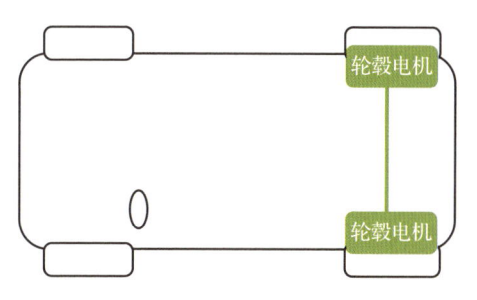

图1-16　轮毂电机的布局方式

积，提高传动效率，使驱动系统更加简洁灵活，几乎不占用车辆内部空间。同时，这种布局还可实现一般车辆难以达到的瞬时机动性和转向灵活度，并减少动力电池系统的布置局限。动力电池和相关电子零部件可被安装在原发动机舱、地板或原后驱动桥等位置。基于空间利用率和结构的优势，甚至可以在相同设计下有效增加车辆的动力电池容量，以延长续驶里程。在保证车辆内部空间需求的基础上，采用轮毂电机驱动的车辆在体积上可以设计得更加紧凑，有助于缓解城市拥堵。摆脱转向机构约束的轮毂电机驱动轮，可以使车辆实现更小的转弯半径，降低横向停车的技术操作难度。但轮毂电机也面临密封性、稳定性、散热性等问题，从而限制了这种动力布局方式的发展。

动力的变化改变了纯电动汽车动力系统的布置方式，并简化了动力系统的组成，提高了动力系统布置的灵活度及空间利用率。动力系统的这些变化是纯电动汽车在结构上实现内部乘员布局、各个子系统与零部件布置及外造型变化

的根本原因。基于动力系统布置的差异，纯电动汽车乘员布局的多样性得以被深度挖掘。在传统燃油汽车中，结构变化通常服务于内饰布局的需求，而在纯电动汽车中，动力的变化则成为影响其内饰布局差异性的主要因素。动力系统布置的灵活性降低了内饰布局的局限性，其简化则显著增加了乘员布局的空间。内饰布局的多样化和空间的变化直接影响了车辆的外观比例。

2. 乘员布局

纯电动汽车乘员的布局模式几乎完全摆脱了传统燃油汽车的限制，如图1-17所示。内燃机被电机所替代，发动机舱变小或消失，相应的变速器、机械传动系统、转向系统和制动系统及其他相关机械零部件被弱化或取消，并由更加智能的电子控制装置代替。纯电动汽车摆脱了传统的布局模式，前排乘员的前部空间增大，同时燃油箱被动力电池所代替，传动轴取消，内饰地板更加平整，后排座椅的空间得到扩展，内饰后半部分的乘员布局被解放。行李舱与驾驶舱内饰地板可一体化，内饰的设计将更加轻薄简洁，体量更加紧凑。同时，内饰的乘员布局可灵活实现模块化的切换，为多元化的内饰出行场景及具有纯电动汽车风格的设计奠定基础。纯电动汽车的乘员布局在舒适性和多样化方面都得到了极大提升，丰富了其功能角色。与传统燃油汽车相比，纯电动汽车在相同空间内可实现商务、办公、居家、娱乐等多种布局模式，极大地丰富了出行场景和出行体验。

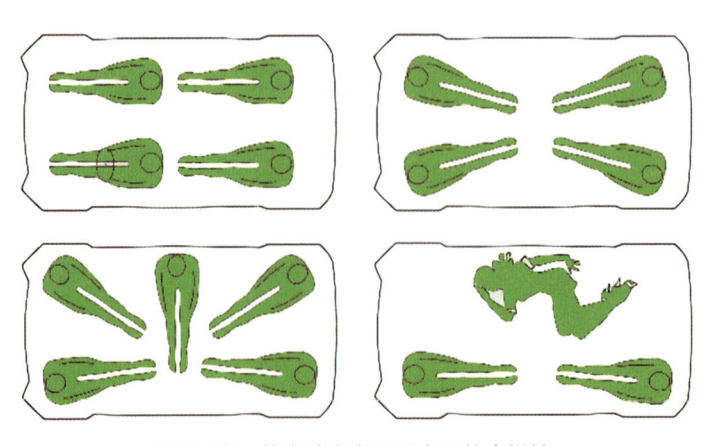

图1-17 纯电动汽车乘员布局的多样性

在汽车开发初期，乘员布局是最先考虑的因素。受车辆各种结构因素影响，经过历史发展的不断优化，车辆乘员的布局逐渐被固定下来，而汽车外观的大致比例也基本发展成当前的样子，即由发动机舱、驾驶舱和行李舱构成的三厢或两厢形式。其中，乘员布局对车辆外观比例的影响最大，动力布局和储物布局的变化也与乘员布局密切相关。在纯电动汽车中，原始的发动机舱弱化或消失，使乘员布局成为影响车辆外观比例的主要因素，为提升乘员布局的空间及灵活度，A柱前移且角度发生变化。因此，A柱位置及角度的变化成为影响纯电动汽车外观比例的主要因素。

3. 能源布局

纯电动汽车没有燃油箱和燃油供给系统，取而代之的是地板内的动力电池包和电控线路。动力电池包的平整性增加了座椅在内饰地板上布局的灵活性，是实现纯电动汽车内部布置多元化的重要条件之一。如图1-18所示，纯电动汽车的动力电池包布置具有较高的灵活度，几乎可以安装在除车顶外的任何位置。

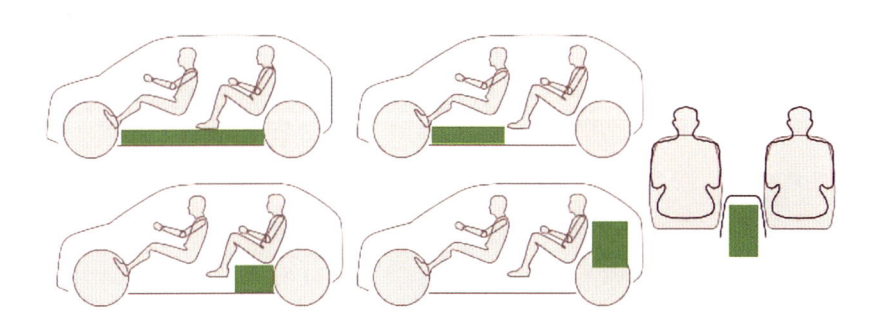

图1-18 纯电动汽车动力电池包布局的多样性

纯电动汽车的动力电池包布置形式较为简单，但不同的品牌及车型之间也有差异。动力电池包通常可布置在内饰地板、座椅下方或后方、行李舱下方等位置，一般不会影响到车辆内饰活动空间，且内饰更加平整。但不同的布局方式各有其利弊。例如，动力电池包置于底盘上的纯电动汽车，会降低车辆在崎岖道路上的通过性。但鉴于我国车辆分布的地域特征，这种影响并不显著，因此该布局方式被广泛采用。动力电池包布局还可根据地板位置细分为前座椅下方、后座椅下方、中通道位置、脚踏位置等。动力电池包布置在脚踏和前后排座椅下方的方式一般用于平板型动力电池包，将电池模组平铺到地板下方，覆盖了大部分地板，能够最大限度获得可用面积，但一定程度上会抬高车辆内饰地板的高度。另一种特殊的布置是以滑板式动力电池包的方式进行布局，这种动力电池包由大量的圆柱形电芯集合而成，形状可灵活变化，能避开底盘上的其他重要部件，形成一个平台区域。滑板式动力电池包中的电芯垂直于地板，占用的垂直空间较小，避免了车厢地板对内饰垂直空间的挤压，动力电池包的重心也相对降低，使驱动电机和其他电子零部件更容易布置在与前后轴相适应的高度上，简化的底盘则为车厢创造了超大的空间。

1.4 影响纯电动汽车内外饰设计的其他因素

除了电机、动力电池及软件技术发展，其他技术的不断发展及交叉应用，也使纯电动汽车的设计呈现出多样变化。例如LED技术，LED较传统灯体，在空间占用及工程结构上有明显的优势。LED对车辆空间占用更小，工程布置更简洁，灯光形式较传统灯体更加灵活，为车辆灯管的设计及灯光相关的标识系统创造了优越的条件。再如轮毂电机技术，其应用几乎彻底改变了车辆的结构及布局，将空间利用率及完整性提高到极致，实现车辆的实时驱动，甚至可以解决车辆横向移动停车问题，使车辆成为一种纯粹承载各种出行服务的移动平台。此外，智能技术在纯电动汽车中的应用，一方面极大地简化了车内的交互硬件，另一方面丰富了用户的驾乘体验。特别是自动驾驶技术的应用，它在解放驾驶人的同时，提高了出行效率和安全性，并结合不同的使用场景，加强了车辆内外饰之间的联系，使车辆成为一种集居家、办公、娱乐等多种功能于一体的移动空间。

1. 灯光技术对造型设计的影响

灯光系统不仅满足汽车照明需要，同时也是车身造型的重要构成元素，无论是在前期概念造型设计中，还是后期工程研发中，都占据着重要地位。在品牌战略思想日益深化的今天，车灯设计已成为表达品牌语言的重要手段之一，并构成了品牌形象的核心元素。随着发光技术的进步，出现了更加小巧、耐用、节能、多样的车灯，如LED灯、激光灯、OLED灯等，为造型设计提供了更多的可能性。车灯技术在一定程度上对纯电动汽车的结构、造型、品牌语言等方面产生了重要影响。

在量产纯电动汽车中，LED技术已经得到广泛应用。传统卤素灯和氙气灯内部机构复杂且占用空间较大，除了发光部件外，还包含调光机构、反射机构等光处理机构，这些复杂机构会对车灯周边的相关设计布局形成一定的约束。而LED灯最显著的特征之一就是对车辆空间的占用较小，使车灯设计在车辆结构和造型上都得到更大的解放，提高了灯具设计的灵活度。车灯可被设计成不同的平面图形或线条，使车辆的造型更加丰富，并有效提升造型的辨识度。与传统车灯相比，LED灯点亮时几乎无延迟，实时响应的灯光能让后车驾驶人更早做出反应，提高驾驶安全性。在同等亮度下，LED灯能耗较低，且易损件更少，抗振性更强，使用寿命更长。除车灯造型、结构和布局外，LED灯光的颜色、亮度、动态效果等具有很高的设计价值。由于LED灯较传统车灯更易实现颜色及亮度调节，灯具模式可随意变换，进一步增强了纯电动汽车的造型设计风格。除了LED灯之外，激光灯也对纯电动汽车的设计产生了显著影响。

与LED灯相比，激光灯在多个方面具有显著优势，包括尺寸更小、亮度更高、发热量更低。这些特性为车体设计提供了更高的自由度，可以节约出更多的空间，以便对前悬和动力系统位置进行适当调整，从而提高车辆结构布局的灵活度。激光灯无论在照明度还是照射距离上均优于LED灯，光线也更加精细可控，减少了多余的溢光，体积较LED灯也更加紧凑。因此，激光灯为驾驶人带来更开阔的视野，避免了强光眩晕，提高了夜间行车的安全性。此外，一些车辆上也开始采用OLED技术。OLED灯具有自发光、轻薄的特点，但在亮度上还达不到LED灯的效果，因此一般用于信号灯、氛围灯或其他标识系统。相比普通的LED灯，OLED灯在体积上更具优势，可像纸张一样灵活地贴装在车辆上，几乎不占用空间。OLED灯的光感更加均匀柔和，可实现无级调光和动态效果变化，且被照射物体几乎不会产生任何阴影。这些特性使OLED灯非常适合用于车内氛围灯和尾灯，尤其是车辆的标识系统。

2. 轮毂电机对造型设计的影响

与一般纯电动汽车的中央驱动电机布局相比，轮毂电机的布置位置更加极致。轮毂电机几乎完全安装在车轮内，差速器、传动轴等机械传动部件几乎全部取消，以整个轮毂电机系统作为驱动车辆行驶的所有机构，将车辆的底盘结构简化到极致，传动效率得到提高，并减少了因机械传动产生的噪声，车内空间的利用率也得到提升。所释放的空间可用于布置更多电池或增加乘员空间。轮毂电机直接将转矩传输到驱动轮上，响应更快，加速性能更好，瞬时功率更高。它能够实现各个车轮的实时独立驱动，使车辆动力控制更加平衡灵活，降低了底盘电子化和智能化的结构限制，实现了差速、防滑、电制动、无级变速等功能。轮毂电机驱动系统没有半轴的限制，仅通过线控即可实现差速零半径转向，提高了车辆转弯的灵活性，甚至可实现横向移动，使倒车和停车操作更加容易。由于轮毂本身作为动力源，驱动车轮的机械传动机构被电线所代替，摆脱了机械半轴刚性连接的限制。因此，可根据设计需求将车轮独立设计于车身之外。相对常规驱动系统的布置方式，轮毂电机技术的应用彻底改变了纯电动汽车的动力系统，摆脱了几乎所有传统机械传动部件，呈现出一种全新的车辆结构，极大地提升了整车性能，使车辆空间利用率达到极致。轮毂电机技术的应用不仅使内饰空间更加宽敞，还为车辆乘员及软硬件带来了更多的布局方案，车辆的易操作性也得到了提高。

3. 智能网联技术对内饰设计的影响

在人工智能、大数据、智能网联等新一代技术的推动下，智能化、数字化、网联化成为我国汽车行业的主要发展方向。纯电动汽车内饰交互系统设计对内饰智能化的实现有重要影响。与传统车辆的内饰系统设计相比，纯电动汽车内饰控制台前下方的机械传动系统、机械制动系统消失，控制台下方空间得以收缩，内饰仪表板的交互系统更加自由。同时，智能交互屏的应用使传统的仪表板逐渐数字化，车内的交互方式更多样，为驾驶人提供了更好的出行体验。内饰交互可通过虚拟触控、智能语音、智能视觉、体感交互、智能表面、物联网等技术实现，信息显示更加直观，内饰更加简约平整，空间利用率更高，布局更加灵活。

传统燃油汽车的人机交互主要依赖实体硬件实现。随着纯电动汽车的智能化及网联化发展，车辆功能操作日益多样化，传统物理按键已难以满足需求。内饰功能操作的集成化和智能化成为必然趋势，传统物理按键逐渐被集成化智能触控屏取代。虚拟触控和全息触控技术的应用进一步整合了平视显示器、体感控制和全息投影等功能，不仅简化了操作界面，改善了驾驶人与显示屏之间的人机关系，还提高了驾驶过程中的安全性。内饰交互智能化的发展使驾驶人在操作时不仅可以从视觉、听觉上接收到反馈，还可以从全息虚拟屏幕上接收压力反馈，复杂的操作均可通过虚拟触控界面以更简洁的方式实现，例如导航路线规划、音乐播放和娱乐游戏等。

语音交互是汽车内饰的另一大重要交互方式。采用智能语音系统后，驾驶人在驾驶过程中可以通过语音指令分担视觉负担，直接完成操作。这不仅简化了部分功能硬件的造型和零部件，还整合了驾驶位置的空间，使内饰布局更加自由。随着智能技术和互联网技术在日常生活中的广泛应用，以及用户对高效率、低能耗交互的需求，视觉与触控的结合已成为移动智能电子设备的主要交互方式。这种交互方式也逐渐从日常生活中被引入到出行领域中，并在纯电动汽车中得到实现，如特斯拉的中控系统。通过大屏幕和触控，特斯拉简化了传统内饰复杂的交互硬件，将车内设备及系统的设置集成在屏幕上，功能操作统一整合在界面上，加上其灵敏的界面反应，提高了驾驶时的安全性。

体感交互有望成为未来人机交互设计的重要方向。车辆内饰是一种特殊的交互空间。在传统燃油汽车中，内饰交互主要依赖于手动控制。然而，随着智能化技术的发展，尤其是在纯电动汽车中的应用，车内出现了更多新型交互方式，如体感交互。体感交互技术融合了手势识别、眼动识别等多种交互方式，不仅提升了交互的多样性，还为驾驶人带来了全新的体验。通过体感交互，驾驶人可以解放四肢，摆脱传统控制方式的束缚，甚至可能省去方向盘、制动踏板等零部件。

智能表面技术赋予材料表面智能数字化功能，是一种集装饰性与功能性为一体的表面处理工艺，理论上可对所有塑料表面进行智能化设计。在车辆内饰中，智能表面技术允许用户自主灵活设置界面，能够在更多位置实现不同的人机交互界面，提供更加直观且多样的操作体验。因此，智能表面技术在一定程度上可替代部分传统屏幕。智能表面技术使内饰更加轻量化，设计自由度更大，可集成多种照明方式，且装配简单易操作。智能表面技术可应用于方向盘、中控面板、仪表板、天窗等位置，对于内饰零部件的布置有重要影响。智能表面技术像触控屏一样能减少内饰表面的操作按钮，但较触控屏更加自由，内饰表面上不活跃的功能界面会变暗或慢慢消失，常用功能会自动点亮显示，功能操作区的位置更加灵活。基于智能表面技术的设计或将成为未来汽车内饰设计的一个方向，能够轻易改变驾驶行为和交互方式，带来更好的移动体验，提供更多的设计可能性。

1.5 纯电动汽车外饰造型要素的变化趋势

纯电动汽车相比传统燃油汽车在动力及能源上的变化，给车辆带来更多不同的设计方式及造型形式。然而，目前大多数量产纯电动汽车的设计仍基于传统燃油汽车的框架进行改装，因此其设计特征并不显著。尽管与传统燃油汽车相比存在一些差异，但纯电动汽车的设计方法和风格仍保留了传统燃油汽车的影子。这意味着纯电动汽车在设计上仍有很大的发展空间，以充分发挥其独特的设计优势。

1. 比例

在纯电动汽车中，内燃机被电机取代后，其相关的各种大小零部件也被省去，动力系统的变化改变了车辆传统的结构及布局形式。这种内在结构的变化对纯电动汽车最大的影响之一便是比例的变化，结构的灵活性为车辆带来了更加多样化的形态。具体而言，纯电动汽车的比例如图1-19所示，轴距、A柱、前后悬、底盘、前风窗与原发动机舱盖甚至侧围的关系都发生了巨大变化。

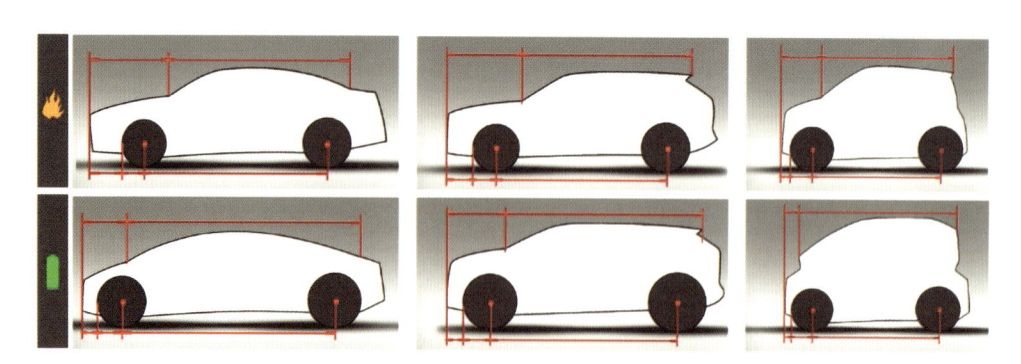

图1-19 传统燃油汽车与纯电动汽车的比例变化对比

在传统燃油汽车中，两厢和三厢车较为常见，乘员通常布局在前后轴之间。因此，轴距是影响车辆乘坐空间的关键因素。长轴距可以显著增加乘员的纵向空间，提升乘坐舒适性和脚部活动空间，同时增强车辆行驶的稳定性。受内燃机布局的限制，传统燃油汽车的轴距与车身比通常在0.57~0.61之间。相比之下，内燃机被电机代替后，纯电动汽车的轴距有了变化。原发动机舱被弱化后，车辆轴距变得更长，原发动机舱的空间被分配给内饰前排座椅，内饰控制台和脚部空间得到解放。车辆前轮可向前移动，在车身总长度不变的情况下，轴距所占比例更大，前后悬长度相应变短，车辆内部的纵向空间得到提升。此外，前后轮之间布置更多的电芯，可提高车辆续驶里程。

在外观上，CP点（前风窗玻璃与发动机舱盖延长线在侧视方向的交点）的变化对整车造型的比例也有着重要的影响。如图1-20所示，纯电动汽车由于原发动机舱的功能被弱化或取消，原发动机舱盖相对变短，A柱更靠前且倾斜角更大，甚至整体向前平移。这使得车头在视觉上被弱化，车辆甚至呈现单厢形态，前风窗玻璃与发动机舱盖之间连续性更强。这种比例特征是传统燃油汽车与纯电动汽车在外观上最明显的差异之一，可显著增加驾驶舱容积并降低风阻系数。这种动力布局的变化直接导致车辆CP点的大幅迁移，改变了车辆的比例。因此，CP点的变化在一定程度上成为传统燃油汽车与纯电动汽车外观差异化的重要条件之一。纯电动汽车CP点打破了传统燃油汽车的总布置和车身比例，"车"的概念也逐渐模糊。尤其在当前出行需求特征的驱动下，车辆"由内而外"的设计理念逐渐突出，车辆不纯粹是从A点到B点的交通工具，而是由内在用户出发，延伸至车辆外观的设计。纯电动汽车的多样化使其难以用传统分类方式划分，在外观上，纯电动汽车逐渐弱化"车"的原始特征，更凸显"移动电子产品"的设计风格。

图1-20 传统燃油汽车与纯电动汽车的轴距和CP点对比

2. 姿态

在纯电动汽车中，原始发动机舱位置的弱化或消失进一步提升了车辆外观的整体性。如图1-21所示，车辆CP点前移，车内空间相对扩大，车辆整体更加饱满，厚重感更强。当保持CP点不动时，前保险杠系统可后移，车辆形成负前悬，即前轮较CP点更靠前，使车身相对更加紧凑，并使其姿态在视觉上更加稳

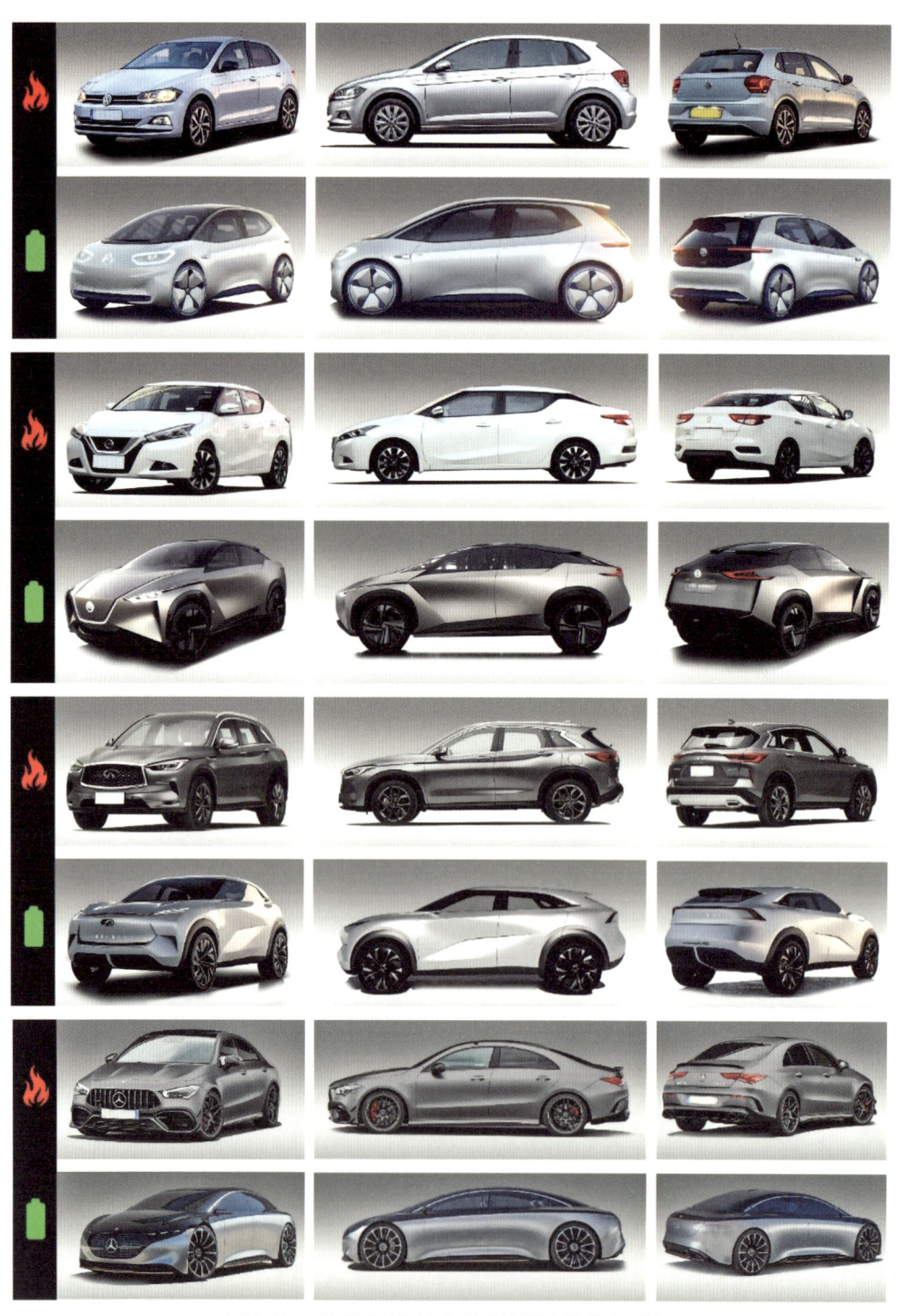

图1-21 传统燃油汽车与纯电动汽车的姿态对比

重。此外，纯电动汽车的动力电池包通常布置在内饰地板下，这可能因动力电池包体积导致底盘离地间隙减小或车内座椅抬高。当车辆底盘被降低时，结合长轴距特征，车辆姿态变得更加低稳。而长轴距这一特征也会影响到车辆比例的协调性，因此纯电动汽车通常会采用尺寸更大的轮胎，以调和轴距与车轮之间的比例，在视觉上更加突出车辆的稳重及动力感。

3. 型面

20世纪90年代后，汽车造型的型面处理进一步发生变化，车身造型设计特征线开始通过曲面大幅度转折的手段实现，这种手法使得汽车的型面变得越来越繁杂多样。纯电动汽车动力系统及结构改变了车辆的传统形态，人们对汽车的审美观念也随之变化。如图1-22所示，纯电动汽车的型面曲率半径变得更大，其设计风格更接近一般工业产品。车辆特征线的塑造主要通过曲面的自然相交实现，原来冗余复杂的曲面造型特征逐渐被弱化。简洁的曲面不仅降低了车辆行驶时的风阻系数，还使纯电动汽车的型面调性与传统燃油汽车的曲面风格逐渐区别开来。纯电动汽车的造型设计更多地遵循曲面的实际结构来实现，强调型面本身的结构及逻辑，尽可能减少不必要的曲面转折。这种设计特征使纯电动汽车的造型更加接近一般电子产品的设计风格，也更符合自身的视觉需求。由于纯电动汽车没有传统机械驱动桥，后排横向空间相对扩大，后轮轮距减小，因此，其轮包型面通常比传统燃油汽车更加缓和。

纯电动汽车发展到今天，对一般乘用车的定义及分类产生了一定影响，纯电动汽车本质上也是一种最具有代表性的移动的高端电子产品。因此，除了必要的电子功能件之外，纯电动汽车的型面设计美学与传统燃油汽车相比，通常会更突出电子智能化特征。

4. 前后围

前后保险杠系统是车辆外观造型设计较为丰富的部位，而格栅在前保险杠系统中则成为不同品牌车辆识别性的重要造型特征，并体现品牌形象，也是车辆外观造型最直观的视觉中心。如图1-23所示，纯电动汽车没有内燃机及其水冷系统，承担散热功能的前格栅结构被弱化或取消，使车身空气阻力减小，也为车身造型设计带来了更加自由的发挥空间。

传统燃油汽车的前格栅主要用于冷却内燃机，而纯电动汽车在运转过程中产

图 1-22　传统燃油汽车与纯电动汽车的型面特征对比

图1-23 传统燃油汽车与纯电动汽车的前保险杠系统对比

生的热量较少，因此前格栅通常被取消。前格栅进气口位置可直接做封堵处理，对前围进行全方位的密封包裹，使原始前格栅位置的型面与车身统一为整体，或以其他工艺缝的方式消失在钣金件中，使车身造型更加简洁、统一。例如，极星Concept、大众ID Concept就采用了这种设计。前格栅也可进行平面图形化的封堵处理，通过分色、分材质来表现格栅造型，或将其封闭设计成其他的图形形式，比如表情化、电动元素的图形，并辅以灯带装饰，保证品牌语言传承的同时又能体现纯电动汽车电子化的特点，如日产IMX Concept、英菲尼迪QX Concept。

电力驱动的纯电动汽车不需要排气系统，排气管的取消进一步简化了车辆的后保险杠系统，如图1-24所示。目前，纯电动汽车在原排气管位置的处理方式主要有两种：一种是通过对下保进行全方位包裹，使后围整体统一，如本田E、广汽Moca；另一种是进行分件、分色、分材质处理，并辅以灯光装饰，如奔驰EQS、英菲尼迪QX。

图1-24 传统燃油汽车与纯电动汽车的后保险杠系统对比

5. 灯光

灯光系统不仅承担车辆的安全、照明、信息传递等功能，还是车身造型设计的重要组成部分。在纯电动汽车中，车灯结构更为简洁，对车身占用的空间更小。随着灯光技术的不断发展，各种形式的发光体出现，如LED。LED灯较传统卤素灯亮度更高、功耗更低、寿命更长。LED的易成型性及简单的结构，使车灯由原来复杂的体块状、矩阵式发光体，逐渐向平面化、自由排列的方式转变。这种自由排列的特点为车灯的几何形状、点亮形式、色彩表现和位置分布等方面提供了更多设计空间。纯电动汽车更加强调图形的视觉效果，灯内造型更多应用平面几何元素，车灯与车身之间的具象边界也被打破，与车身曲面融汇成一体隐藏在车身材质中，发亮时才会显现。LED技术如今越来越多地应用到概念车及量产车中。LED化、智能化逐渐成为纯电动汽车灯光系统的趋势，灯光设计在车身造型中的重要性日益凸显。

如图1-25所示，纯电动汽车的车灯布局更加灵活，灯型的设计可以从车

图1-25 传统燃油汽车与纯电动汽车的前后车灯对比

头延伸到车身侧面，灯罩可以取消，或设计为独立于车身的零部件。车灯设计更加平面化，或更加强调纵深感，灯型可实现U型、C型、曲线型、对称条状型、无灯罩的晶体型等多种多样的设计形式，增加了车辆造型在视觉上的层次感。车灯不仅承载了其他符号的表现形式，也是品牌DNA表现的重要部分。车灯LED化丰富了灯光表达品牌语言的形式。

除LED技术外，OLED技术的出现进一步丰富了灯光图形化的设计形式，符号化的车灯设计更加天马行空。然而，由于OLED的发光强度尚不及LED，通常被用作车辆的辅助灯具。OLED具有更加自由的图形化设计优势，可更好地实现规律性、节奏性、动态感等艺术化展示形式，通过灯光表达出更丰富的行车信息或者视觉上的动态美感。OLED技术的应用极大地满足了车辆灯光系统的多样化需求，对车辆灯光系统产生了革命性的影响。OLED亮度低、能耗小，造型限制较小，使得车厂可以天马行空地设计出各种时尚酷炫的日间行车灯造型。此外，通过OLED与形状更加自由的光带结合，能够实现不同发光形态，强化了车辆内饰的氛围，逐渐成为现今车辆的标准配置。

6. 轮毂

轮毂是整车侧面重要的视觉焦点之一，轮毂的设计随着技术的发展不断演变，其特征化设计是各种能源类型汽车的设计都必须考虑的因素之一。纯电动汽车通常采用动能回收装置来减速，机械制动器被弱化，轮毂原来的镂空面积可以大大缩减，镂空面积更小则可能会为车身带来更低风阻。这种设计使纯电动汽车基本摆脱了轮毂散热功能的限制，设计的自由度得到提高，使轮毂在材料选用、分件、分色等方面有更多的设计考量，造型样式也更加丰富。受轴距比例影响，纯电动汽车的车轮通常更大，轮毂覆盖面积也更大。轮毂的设计与车辆的型面处理有着相似趋势，弱化了复杂动态的机械感，更加偏向平面化，结构更富有逻辑，简约自然的元素运用得更多，造型风格更加偏向一般产品风格，如图1-26所示。

除了上述部件对车辆造型的影响外，智能技术的应用也推动了纯电动汽车外饰造型的变化，例如门把手和后视镜等部件的设计。门把手是车外人机交互最频繁的部位之一。采用智能感应技术后，门把手可以被简化甚至直接隐藏在门板内，这不仅提升了车辆侧面的整体感，还简化了门板内部的工程布局。此外，门把手的弱化处理在一定程度上减小了车辆的风阻，并提升了车外人机交

图 1-26 传统燃油汽车与纯电动汽车的轮毂对比

互的体验感。电子成像技术的发展及其在车辆后视镜系统中的应用，使传统光学后视镜有可能被电子摄像头和红外感应器所取代。这种电子感应功能可以改善传统光学后视镜受天气和光线影响的不足，摆脱了传统刚性反射镜的限制。电子摄像系统的布局不再受传统位置限制，信息传输主要通过电线进行，因此可以灵活地安装在车外，并且在造型上可以像门把手一样隐蔽在外饰件内。随着智能技术的不断发展，纯电动汽车的外饰功能件正呈现出"去机械化"的趋势。

1.6 纯电动汽车内饰系统要素的变化趋势

纯电动汽车的驱动电机和动力电池的发展不仅改变了车辆的结构和比例，还进一步影响了车辆内部的布局。在用户出行体验的驱动下，纯电动汽车的内饰布局变得更加多元化。纯电动结构的解放使得车辆内部空间利用率显著提升，造型完整性也得到提高，尤其是车辆内部前方的空间。前方空间的解放对中控、仪表系统及乘员活动范围产生了重大影响。在内饰设计中，中控和仪表系统可能会被重新整合在一起。当自动驾驶技术应用于纯电动汽车时，方向盘系统可能会被省去，从而使内饰前方的空间进一步扩大，空间的平整性也得到提升。座椅布局的优化建立在纯电动汽车内部空间的平整和宽敞的基础之上，尤其是内饰地板和中控位置的平整度提高，使得座椅系统的布局更加灵活。自动驾驶技术的应用使车内能够实现更多场景化的布局，车辆在某种意义上成为一种纯粹的多元化布局的移动空间。

1. 仪表板与中控台

仪表板系统是车辆极为重要的一部分，驾驶人依赖仪表板的数据来操作车辆，并确保驾驶过程的安全。纯电动汽车仪表板智能化的发展，不仅降低了汽车研发过程中的成本投入，还提高了信息展示的有效性以及人与仪表交互的效率，显著降低了交通事故的发生概率，更好地保障了驾驶人的生命安全。因此，汽车仪表板系统对用户及车辆内饰的设计都尤为重要。纯电动汽车仪表系统的变化，一方面受纯电动汽车结构特征的影响，另一方面受智能技术及体验驱动的影响。

图1-27所示为传统燃油汽车与纯电动汽车的中控与仪表对比。纯电动汽车CP点的变化及变速器的取消，改变了内饰仪表的布局及造型，仪表板及中控台硬件的布局，也为智能技术的应用提供了条件。在内饰智能技术的支持下，根据不同的使用场景及个性化的交互需求，仪表板和中控台可轻松实现多样化的布局和造型。触控、语音、体感交互、情绪识别等智能技术的应用，进一步丰富了内饰交互的多样性。

2. 方向盘

方向盘是汽车重要的安全硬件之一，也是内饰交互最频繁的部件。随着车辆内饰功能的日益丰富，其操作也越来越复杂。因此，目前大部分车辆中，复杂的操作按键通常已被整合在触控屏中，而方向盘也逐渐实现了智能化。方向盘的设计随着智能技术发展、内饰功能的丰富和出行体验的驱动变得多种多样。不同智能交互技术的应用，为方向盘带来了不同的功能分区布局及交互模式，例如集成于方向盘系统的触控屏和语音识别技术等。智能化的方向盘可减少驾驶人操作车内电子设备时的干扰，甚至允许在驾驶过程中进行一些功能的盲操作，从而显著提高了驾驶的安全性。

（1）触控屏方向盘

触控屏幕技术已成为当前最直观、最自然的人机交互方式之一。随着出行体验的升级和交互方式的变化，方向盘的设计越来越受到重视。触控屏及智能表面技术开始应用于方向盘，液晶触控屏通常被放置在方向盘的中央。同时，在方向盘上和中央扶手前增加了两块小尺寸的屏幕，这些屏幕不随方向盘转动而转动，还可实现对音乐、地图、空调、座椅等功能的设置。传统方向盘的物

图1-27 传统燃油汽车与纯电动汽车的中控与仪表对比

理按键逐渐消失，触控屏的应用为方向盘系统带来了全新的交互体验。

（2）语音识别方向盘

语音识别是方向盘的另一种交互方式，语音识别的应用不仅提高了驾驶的安全性，还提升了方向盘的交互效率。语音技术与方向盘结合后，用户可通过语音指示来完成部分配置的调控，减少手动操作对正常驾驶的干扰，避免误触和信息反馈不及时的问题。语音识别技术在方向盘系统中的应用，对驾驶的交互性及安全性至关重要。

3. 座椅系统

座椅不仅是汽车内饰中的一个重要部件，还是多种系统的集成。汽车座椅的设计是一个极为复杂的工程，涉及多学科知识，承担乘坐、驾驶和安全保障等功能，具有复杂性、多功能性和高技术性的特征。纯电动汽车驾驶舱内立柱、门内饰板的变化和底盘结构的简化，为座椅硬件布局和造型设计提供了更大的自由度，同时也促进了车内功能的模块化，使座椅布局能够更好地满足多样化的驾乘体验。如图1-28所示，随着智能技术的应用，座椅的本质功能也在发生变化，逐渐智能化。智能化的汽车座椅系统，可根据乘员的肢体反馈做出反应，辅助乘员将座椅调节至最佳状态，并通过生物识别技术检测乘员身体的状况并反馈给乘员，同时根据外界环境的变化调整座椅及驾驶舱的温度。用户可以对智能座椅系统设置不同的服务模块进行储存，从而实现一键化启动。座椅设计和布局的变化不仅影响了车辆的角色定位，还推动了内饰设计向智能化、模块化和个性化方向发展，使出行体验更加多元化。在车辆结构与智能技术结合后，纯电动汽车摆脱了传统汽车座椅布局的固定模式，可根据不同出行场景及其他需求的变化进行布局。例如，为满足出行时的办公或起居需求，车内可配备折叠式办公桌、床榻等设施。

图1-28 车辆内饰布局的多样化发展

随着智能技术、车联网和自动驾驶技术的发展，驾驶人的作用逐渐被弱化，车辆座椅的功能、造型和色彩也在不断变化，更加个性化。座椅系统的功能模块更易于实现定制化，例如自适应化和场景体验差异化，能够满足用户在功能、情感和生理方面的需求。

小结

　　从产品角度讲，纯电动汽车的技术因素，尤其是动力系统，引发的结构变化是影响其内外饰关系的最直接因素。纯电动汽车动力系统的简化使其取消了相关子系统及机构，从而提升了空间利用率，降低了车辆的工程布置难度。同时，各子系统及机构的布置更加多样化，车辆整体结构也更加灵活。纯电动汽车结构的灵活性及其子系统与相关机构布置的多样性彻底改变了车辆的内布局及外造型。车辆内布局的变化主要体现在乘员的布局空间和布局形式，以及其他相关交互硬件的布置上。可布局的空间更大，内饰更加平整，从而减小了乘员布局的限制。在不同的出行场景需求下，纯电动汽车的结构可根据内饰布局需求而灵活变化。内在结构的变化则直接影响其外在的比例特征，使其外在比例随着内在结构的变化而呈现多样性。

第 2 章
基于场景需求理论的纯电动汽车设计流程与方法

场景的概念来源于剧本中的情节发展（Plot development），本意为情况、情形或是人、事物等所处的状况。而本书研究的"场景体验驱动"中的场景由用户、纯电动汽车以及两者所处的环境所共同构成，如图2-1所示。一个完整的场景可以分解为用户、产品、环境以及两两间的交互关系。因此，场景分析法的执行在理论上可以分为以下步骤：首先，通过对环境与用户的交互行为进行总结分析，以获得用户在某特定环境中的需求；然后，通过分析产品与环境的交互关系，以获得环境对产品产生的制约因素；最后，通过分析产品与用户的交互行为，以获得产品本身的设计概念和构思。三者结合，共同导出最终设计。因此，场景分析可以说是贯穿设计全流程，并最终达成产品实体化的一种方法。

图2-1 场景的三类组成要素

在本书中，场景的用户、产品和环境分别映射的是纯电动汽车的车主、纯电动汽车和车主的用车环境。因此，本书首先对目标用户在车内的行为进行总结，分析得出显性需求并挖掘出潜在需求。接着，通过研究车内环境对内饰设计的制约因素以及可发挥的空间，分析目标用户在使用内饰产品时的典型交互行为，尝试挖掘出内饰设计对用户产生的认知文化影响。最后，综合前期得出的结果，对方案设计进行思考。

2.1 场景分析的理论架构

由于场景分析法形成之初是为了应对实际的军事问题，因此，对其理论方面的研究较为薄弱，且关于场景分析的观点间存在着较大的差异。但得益于近几十年来各学科间的交流与融合，场景分析法逐渐形成了一套基本的理论架构。

1. 场景分析的发展历程

20世纪中期，场景分析首次被运用在军事战略领域，至今已有近70年的历史。在当时的世界背景下，兰德公司（RAND）将场景分析主要用于分析国家应对核武器攻击下的各种情况。Herman Kahn等学者继续对场景分析进行深入研究，其中Kahn与Wiener共同编写的《2000年——关于未来33年猜想的框架》(*The Year 2000: A Framework for Speculation on the Next Thirty-Three Years*)更被视为场景分析领域的里程碑式著作。此著作首次将构想中出现的某一种结果以及其发生过程命名为"场景"（Scenario）。20世纪后期，基于壳牌石油公司（SHELL）对中东石油危机的成功预测以及相应的策略调整，场景分析法逐渐受到欧美国家以及跨国企业的青睐。此后，场景分析法进入了快速发展期，一方面，对其理论的研究不断深入，出现了学派间的不同观点以及众多知名研究成果；另一方面，场景分析法也从军事、商业领域拓展至环保、管理等学科当中，其应用范围日趋广泛。

我国对场景分析的研究起步相对较晚，20世纪末，我国学者通过《情景分析：一种灵活而富于创造性的软系统方法》《战略预测中的情景分析法》等文章初次引入了该理论。进入21世纪初，杨渝玲等对《情景规划：未来与战略之间的整合》《情景规划》等经典场景分析理论著作进行了翻译，但对其研究仍停留在理论介绍方面。而随着场景分析在国内研究数量的不断增加，研究领域不断拓展，谭浩等首次在设计活动中引入场景分析的观点，并提出了"设计场景"的概念。研究指出设计本身不能传达出来的思考，可以通过设计场景的手段进行完善，通过设计场景让用户有更完整的设计体验。罗仕鉴等在此基础上具体探讨了场景分析对传统产品设计流程的价值与意义，认为场景思维可对产品的应用进行更综合性的分析思考。

而本书中场景体验驱动的概念亦基于以上学者的理论，尝试从场景分析的角度出发，将关注点从纯电动汽车产品本身拓展至与纯电动汽车相关的周边要素，透过场景视角来研究用户－纯电动汽车－环境之间的关系，从而更系统、全面地挖掘出用户的实际需求，并最终推进设计的产出。

2. 场景分析的基础理论

所谓基础理论即支撑该学科或方法的基础性原理。目前，关于场景分析法的基础理论主要分为以下三类：第一类是有关场景规划的理论；第二类是有关场景分析的流程理论；第三类是有关场景分析的应用理论。

（1）场景规划理论

在场景分析法发展初期，众多学者针对其前期场景规划进行研究。由于场景分析法主要用于预测并应对未发生的结果，具有一定的不确定性，因此，能否有效确定预想场景的真实性是规划场景的重点之一。其中，Michael 等提出的接受场景中的不确定性、包容设想场景中的误差以及深度自我思考三条原则，可作为进行场景规划的重要前提。

（2）场景分析流程理论

目前在场景分析领域，Peter Schwartz 是首位对具体流程进行总结的学者。他在著作 *The Art of the Long View* 中将场景分析的步骤总结为决策点明确、关键因素识别、驱动因素分析、动因排序、建立场景逻辑关系、丰富场景内涵、场景反馈等。斯坦福研究院（SRI）六步场景分析法相关的现代场景分析流程也是基于其研究发展而来的。

（3）场景分析应用理论

场景分析法发展至今，吸收了众多学科作为实际应用的基础支撑，前期主要以商业类型的战略、评估等理论为主，逐渐拓展至更广的学科领域。例如壳牌公司职员 Vander Heijden 曾经在应用场景分析的过程中结合源于航空科学的"风洞"理论，旨在避免因场景构建失误而为企业带来的各种风险。

3. 场景分析的关键工具

场景分析法作为一个综合性的分析方法，通常在应用过程中还会配合多种分析工具，娄伟等依据前人对场景分析的运用及探索，总结归纳了 SWOT、

Stakeholder、Specialist、STEEP、Scenario Axes、Script、Sensitivity Analysis以及Simulation共八个关键且常用的工具，以便更好地运用场景分析方法。

其中，SWOT是场景分析中第一个关键工具，适用于在经济文化的社会大环境下的策略预测。Stakeholder是指由利益相关的企业人员或用户参与驱动因素分析等过程，以提高场景分析结果的质量与可信度。Specialist是指由行业或研究领域的专家参与到驱动因素分析的过程中。STEEP分析法也是一类用于系统性发掘动因的常用工具。Scenario Axes是指以建立多轴向模型的方式实现对动因的识别，以保证场景分析过程的准确性。Script主要用于场景描述阶段，对场景的内涵、布局、要素等进行丰富和细化。Sensitivity Analysis用于场景使用阶段，通过对场景结果进行分析，确定起作用的驱动因素并根据其影响程度进行排序，以得出多种动因间的优先度。Simulation指利用计算机强大的计算能力，对场景预测结果进行仿真实验，验证场景在真实性、可信度等方面的特征。

2.2 基于知识图谱的产品设计场景理论

CiteSpace是一款文献数据可视化软件，由美籍华人、美国德雷赛尔大学计算机与情报学教授陈超美开发。CiteSpace基于聚类分析等算法，通过科学计量学的手段分析海量文献中潜在的科学结构，运用信息可视化的手段来直观呈现科学知识的结构、分布与相关内容。因此，通过此软件分析并获取的图像也被形象地称为"科学知识图谱"。

场景理论自提出以来已广泛应用在众多学科领域。目前，在产品设计领域，大量文献采用场景分类、场景分析等场景研究方法作为分析用户需求的手段，以提升后续产品的用户体验。为全面分析设计领域中的场景研究现况，本书基于CiteSpace，对中国知网（CNKI）资料库中产品设计领域关于场景的相关文献进行可视化分析，全面呈现2009—2019年国内设计领域场景研究的知识谱系，深入探讨国内产品设计领域的场景研究现状。

1. 数据来源

目前，设计领域有大量文献运用了场景理论的相关知识进行分析研究。本书聚焦于产品设计领域，不涉及动画、影视、游戏等设计领域对于场景理论的探讨。因此，将关键词定为"场景""产品设计""工业设计"，并从中国学术期刊出版总库获取CiteSpace分析所用的数据样本。

在中国知网中使用文献高级搜索功能，设定搜索文献为期刊及博硕士论文，设定检索条件为"主题or关键词*场景*产品设计*or*场景*工业设计*"，选择时间段检索条件为2009年1月1日至2019年12月31日，总共检索到449篇相关文献。为排除无关文献的影响，对检索到的文献进行逐一检查与整理，删除了书评、报告、科研机构介绍以及无作者等不符合分析条件的文献，并剔除与产品设计无密切联系的文献，最终得到358篇相关文献。通过中国知网导出选中文献并使用CiteSpace进行分析，生成知识图谱。

2. 研究关键节点分析

图2-2所示为2009—2019年国内产品设计领域场景理论相关文献数量，从中可以清晰看到这十年间的文献发布情况。

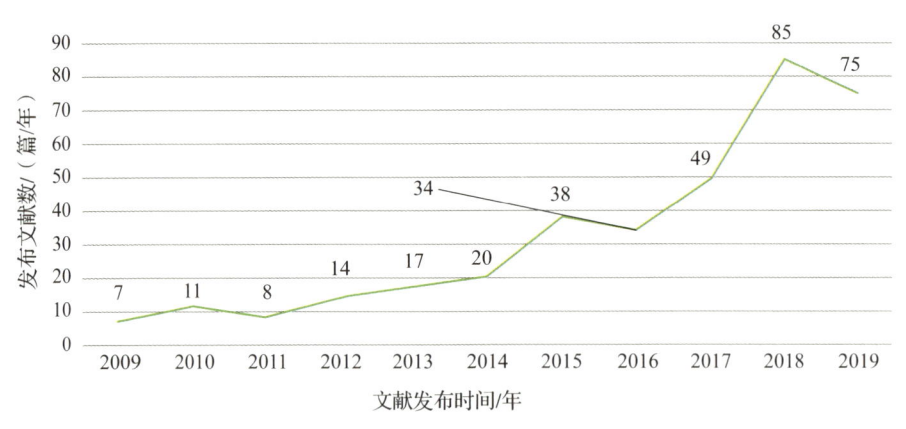

图2-2 2009—2019年国内产品设计领域场景理论相关文献数量

2009年至2011年为"稳定期"，该时期的年发布文献量稳定在10篇左右，该时期产品设计领域关于场景的研究主要包括两方面：一方面为基于场景的研究，通过虚拟现实技术来模拟现实场景，并以此对产品实现优化，如张利峰（2010）通过增强现实技术实现模拟场景、模拟人体以及模拟产品，对其之间的虚拟交互进行研究，以实现产品的人机工程学分析；另一方面为借助场景理论实现交互设计的优化，如周祎德（2010）通过将用户角色模型在场景剧本中反复模拟，来确定用户对于交互式网络电视（IPTV）交互界面的需求。因此，可以将这十年间产品设计领域的场景理论相关文献发布分为稳定期、平稳增长期、快速增长期三个时期。

2012年至2016年为"平稳增长期"，除2015年突然出现峰值外，该时期产品设计领域关于场景研究的发文数量呈现缓慢平稳增长的趋势。该时期产品设计领域对于场景理论的运用已逐渐深入设计领域的各个方面，大量文献通过场景理论来准确获取用户需求。徐静娴（2012）从"人—物—系统"的角度分析家居卖场场景中影响消费者氛围感知的影响因素。孙辛欣（2013）将认知心理学与行为学相融合，并通过分析场景获取用户需求，将用户的无意识行为运用在移动设备的交互界面中。郭岚馨（2015）通过建立应用场景模型进行需求挖掘，来设计符合用户需求的可穿戴追踪设备。

2017年至2019年为"快速增长期"，除2019年略有下降外，该时期产品设计领域关于场景研究的发文数量呈现快速增长趋势。相比上一时期，该时期产品设计领域对于场景理论的运用更加深入和广泛。同时，自2015年后，服务设计逐渐受到关注，场景理论在该领域的应用也日益增多。焦月（2018）基于情景故事板法分析各场景下用户的情感体验与真实需求。李习为（2018）基于情境映射理论设置文创产品的消费场景来分析文创产品新零售服务要素。周正（2019）通过构建用户场景的手段来明确项目中弱电系统的设计目标与功能要求。

3. 关键词聚类分析

通过CiteSpace软件对产品设计领域内关于场景的研究文献进行关键词共现分析。时间跨度设置为2009—2019年，单个时间分区长度为1，聚类词来源为标题（title）、摘要（abstract）、作者关键词（author keywords）和增补关键词（keywords plus），节点类型为关键词（keyword）。由此可以得出产品设计领域关于场景的文献的关键词分布结构，并进一步聚类分析，图2-3所示为其关键词共现网络。图中共有322个节点，441条连接，网络密度为0.0085。产品设计领域内关于场景研究的高频关键词依次为交互设计、用户体验、产品设计、服务设计等，并可以进一步将其研究归纳为6个维度：交互设计、服务设计、产品设计、虚拟现实、设计方法、界面设计。进一步导出关键词共现数据，设置频次为7及以上，得到表2-1。

图 2-3 关键词共现网络图

表 2-1 关键词共现次数统计

关键词	中心性	频次	出现年份
交互设计	0.21	62	2009
用户体验	0.11	53	2013
产品设计	0.08	28	2009
服务设计	0.05	17	2016
界面设计	0.02	10	2015
人机交互	0.01	8	2010
设计方法	0.05	7	2009
场景	0.02	7	2011
虚拟现实	0.08	7	2009
用户研究	0.02	7	2013

通过图2-3与表2-1，并结合相关文献分析，可发现，在2009—2019年间，场景理论方法在产品设计领域主要应用于交互设计、产品设计、服务设计和界面设计。秉持以用户为中心的理念，利用场景理论来进行用户研究，分析用户需求并进行产品测试，从而优化产品使用体验。同时，在互联网和虚拟技术发展的背景下，出现了利用虚拟技术模拟使用场景的技术手段。科学技术的发展为设计方法和设计思维的创新提供了有力支持。

4. 研究机构与作者共现分析

通过CiteSpace软件对文献数据进行研究机构与作者共现分析，可以得出产品设计领域与场景研究相关系列文献的研究机构分布结构与作者分布结构情况。

图2-4所示为研究机构共现网络，设置阈值为1，图中共有83个节点，19条

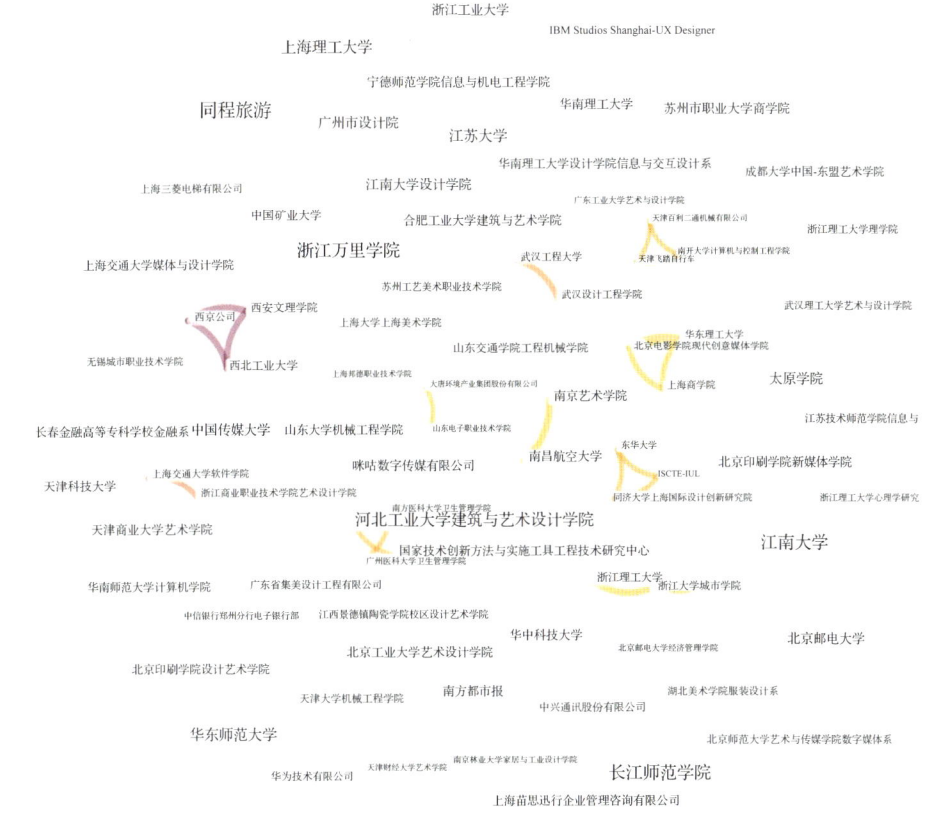

图2-4 研究机构共现网络

连接，网络密度为0.0056。说明2009—2019年间我国的研究机构在产品设计领域关于场景研究的联系较少，学术交流有待加强。

图2-5所示为作者共现网络，设置阈值为1，图中共有221个节点、37条连接，网络密度为0.0015。说明2009—2019年间在产品设计领域没有特别突出的作者对于场景理论有大量研究，作者之间互引关系表现稀松，不同作者之间学术联系较弱。研究机构共现网络图和作者共现网络图均表明，目前国内产品设计领域对于场景理论的研究呈现比较松散的结构，互相之间没有紧密的学术联系。推测主要原因有两方面：一方面是由于场景理论在设计领域的泛用性较强，因此使用场景理论实现用户研究、产品测试等目的在近十年的设计研究中广泛存在，而各项设计研究之间联系较弱，因此研究机构与作者的共现网络图均呈现较为松散的结构；另一方面是由于场景理论在设计领域的应用方法已较为成熟，在2010—2019年间没有突破性的理论发展，没有形成相应的研究热点，单

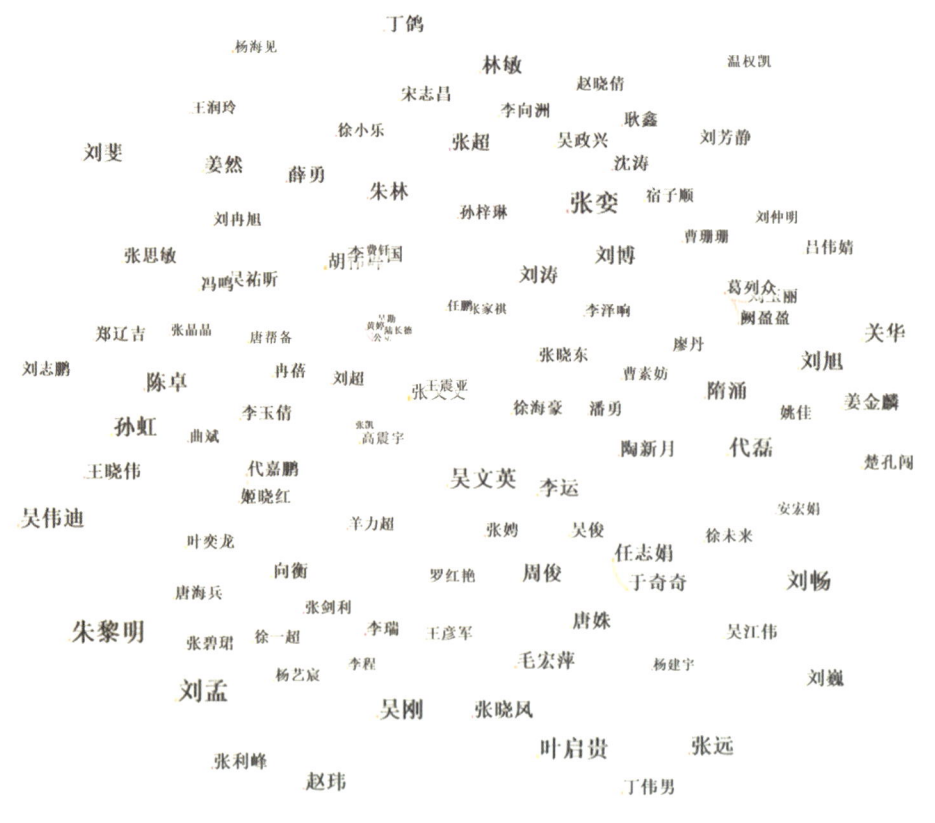

图2-5 作者共现网络

纯针对场景理论的研究较少，导致没有成形的机构群与作者群出现。

5. 场景理论研究趋势

基于上述分析，2009—2019年间产品设计领域的场景理论研究主要呈现应用范围扩大和应用理论成熟化两大趋势。通过知识图谱与相关文献研读发现，在产品设计领域，包括但不限于交互设计、服务设计、产品设计、交通工具设计等，均引入场景理论方法进行用户研究，以分析用户需求，且其应用范围随时间不断扩大。同时，理论应用也呈现出非常成熟的状态，在传统定性研究的基础上，结合各类定量的模型算法，使研究更加深入，结论更具说服力。

但另一方面，2009—2019年间产品设计领域的场景理论研究也存在作者群与研究机构联系性较弱、理论体系创新程度一般等问题。诸多文献表明，研究人员在通过场景理论获取分析用户需求时，往往是把场景理论当作应用工具，而对场景理论本身的研究并不深入。2009—2019年间未出现新的研究突显词，导致场景理论缺乏突破性的发展。

2.3 设计研究中的场景分析法

美国施乐公司（Xerox）最早在其复印机面板的人机交互设计中运用了场景分析的思维，首次将场景分析法引入到设计领域中。而随着场景分析法与设计领域的交集越来越大，其应用范畴也不再局限于人机交互设计，且在设计领域运用场景分析方法也逐渐被更多学者所认可。

与场景分析法的基础理论相似，场景分析法在设计中的应用可以理解为用户构建其与产品之间的使用故事，以用户、产品以及环境两两间的交互关系丰富整个故事逻辑。因此，运用场景分析法进行设计的实质就是进行以用户体验为中心的设计行为。运用场景分析的思维可以更清晰地观察到用户的各种行为，从用户与产品、环境的交互中发掘其需求。另外，清晰具体的场景也有助于在设计流程中对设计方案进行验证和进一步完善。具体来看，场景分析法在设计领域的运用有以下三个特征：其一，通常的设计行为是以设计师的个人主观想法为出发点而进行概念和草图发散，最终导出设计方案的，运用场景分析的思路更注重以用户作为设计的出发点,基于用户如何去使用产品的过程来发现其需求,然后进一步满足其需求,从而让设计可以更合理地推进;其二,设计师需要先对用户进行深入的调研分析,观察其行为等特征,基于以上调研分析进行场景建立并进行场景完善;其三,由于设计师所构建的场景是基于用户的现实场景,在此场景背景下进行的设计产出也将更易于用户使用和满足用户的实际需求。因此,结合目前场景分析法在设计领域中的应用与研究,可以将场景分析法的运用总结为建立、描述以及使用三大阶段,首先构建场景大框架,然后对场景进行丰富与描述,最终实现场景使用。

1. 场景建立

运用场景分析法进行场景建立的思路主要有以下三种类型:基于时间轴的场景建立方法、基于用户模型的场景建立方法以及基于场景故事的场景建立方法。其中,基于用户模型的场景建立方法与基于场景故事的场景建立方法是常用于设计领域的两类场景建立方法。这三种方法并非相互独立,而是层层递进,其中,以基于场景故事的场景建立方法为最完整、详细的场景建立方法。

(1)基于时间轴的场景建立方法

基于时间轴的场景建立方法指依据目标事件发生的时间顺序对场景进行规划的方法,该方法一般运用于交互设计领域,以时间轴的方式对案例进行测试。该方法还应用于交互设计方案产出后的验证,以仿真用户操作顺序的形式对设计方案导出反馈,推进设计下一步迭代。

(2)基于用户模型的场景建立方法

基于用户模型的场景建立方法是以典型用户形象为核心的场景建立方法,关注一个或多个使用目标设计产品,关注自主任务的用户及其与产品、与环境之间发生的交互行为。该场景建立方法一般通过细致观察的方式了解用户使用目标产品过程中所发生的各类互动行为,并进行叙述性描述,结合SWOT、Specialist或Script等常用工具,得到建立场景的基础要素,并最终实现场景的建立。依据不同的设计阶段,还可以划分为上下文的用户场景建立、关键路径的用户场景建立以及确认的用户场景建立三种类型。

由于该场景建立方法的关注点为典型用户及其交互行为,因此可以通过排除多余交互行为的方式,将设计重点聚焦在与用户使用密切相关的行为上。然而，要保证该场景建立方法的科学性与可靠性，就必须基于对用户的观察或访谈等深入的用户调研方法。

（3）基于场景故事的场景建立方法

基于场景故事的场景建立方法是以建立围绕用户、产品、环境以及三者间交互行为相互统一的场景故事为核心手段的场景建立方法。该方法以场景故事的建立为基础，以设计目标为导向丰富场景剧本，并最终实现探讨设计目标的价值。由于所建立的场景故事可靠性需要基于对用户的研究，因此设计研究人员进行场景故事规划前必须对目标用户进行深入的调研，详细了解其性格特征、消费特征、日常爱好以及价值观等多方面的属性。依据用户调研所获取的信息，设计研究人员便可以尝试代入目标用户的角色身份思考对产品真实的需求，从而建立基于设计目标的完整场景，并以详尽的场景故事细致地呈现目标用户在特定场景中可能出现的问题点及需求设计点。场景故事可以通过文字形式的场景剧本、图片形式的场景故事板或情绪板以及视频形式进行表达，丰富的表达形式亦有助于设计研究人员更好地代入到场景故事中，从而挖掘出更细致的需求设计点。

基于场景故事的场景建立方法，以用户实际使用案例为基础，综合目标设计产品各方面的发展趋势，将设计研究人员对产品的创新性思考代入未来场景中。既能实现从产品自身角度总结出现存的问题，又能从目标用户、产品以及环境三者的交互行为中挖掘出潜在的需求设计点。以基于场景故事的场景建立方法思考产品设计的流程，有助于产出更完善的设计方案，依据场景故事对用户、产品、环境及其交互行为进行综合分析与考虑，为设计研究人员提供更全面的设计思路。既能使设计研究人员以系统、科学的形式探讨用户在场景故事中的丰富需求，又能从目标用户的角度进行思考，更清晰地理解需求产生的原因。运用该方法规划的场景故事源于生活又高于生活，是在实际用户案例的基础上结合设计研究人员深度思考的产物。基于此方法，能够设计出多样化的未来场景、未来产品以及未来服务，引导人们走向富有想象力的未来生活方式。

基于上述三种建立场景的方法，本书将结合基于用户角色的场景建立方法与基于场景故事的场景建立方法，通过深入调研目标用户，首先建立典型用户形象，并基于典型用户与产品及环境的交互行为规划场景故事，挖掘用户的各种需求并梳理设计机会点。

2. 场景描述

1992年，世界顶级创意设计公司IDEO在产品设计项目中运用了场景分析法。根据资料，当时IDEO公司应用场景分析法的步骤可以划分为了解、观察、可视化、评估与精炼、执行五步。即在了解设计目标与用户的基础上，以可视化的形式呈现用户在具体场景下使用的产品与交互行为，从设计师规划的场景故事中挖掘用户需求，并最终探讨现实环境中的设计方案。通过对场景故事进行可视化表达，可以更细致地呈现故事中用户、产品、环境间的交互行为。此外，清晰的故事表达也有助于设计研究人员开展更高效的设计讨论或验证。

场景故事的可视化形式有很多种，例如文字形式的场景剧本、表格，图片形式的故事板、情绪板，以及动态形式的场景视频等。在可视化过程中，须直观呈现用户使用产品时的交互、环境和需求等信息，还须清晰表达用户使用产品时的情绪转变。

（1）文字形式的场景故事可视化

文字形式是信息呈现相对全面的场景故事可视化类型，场景剧本是其主要的表现手段。依据用户行为发生的时间先后顺序，对其进行清晰全面的描述，从而获取用户使用产品过程中的问题点与需求设计点，并最终应用于设计实践。表2-2所示为场景剧本的一般表现形式。

表2-2 场景剧本

人物：×先生 时间：工作日的早上	
6:15	×先生起床，准备迎接新的一天，用智能手机阅读夜间收到的信息以及邮件
6:30	×先生洗漱，并唤醒妻子和女儿
7:00	×先生与家人一同出发，乘坐电梯来到地下停车场，利用智能手机上的App提前起动纯电动汽车
7:10	×先生通过无钥匙进入功能直接打开车门，他想起昨天妻子驾驶过这辆汽车，于是进入车内重新调节了驾驶座椅的高度和坐姿，同时调整了后排儿童座椅的包裹程度，以提高女儿乘坐时的舒适性和安全性。接着，×先生通过已经连接互联网的车机，为女儿搜索了一些轻松欢快的音乐
7:30	×先生将妻子和女儿分别送到公司和学校后，准备驾车前往自己的办公地点。出发前，通过智能手机与车机的蓝牙功能同步当天的日程表，便于途中查看。但由于网络问题，车机的系统更新还未完成，日程上传也未成功，×先生只好在智能手机上查看日程，发现当天9:30在分公司安排了一场会议，于是决定先前往公司本部吃早餐，处理一些事情后再驾车前往分公司

（续）

人物：×先生 时间：工作日的早上	
7:45	×先生在驾车前往公司本部的途中遇到堵车，由于距离分公司的会议还有一段时间，×先生的心情没有太大波动，同时他调节车机开始播放电台广播，收听一些当天的资讯和新闻
8:00	×先生到达公司本部的停车场，推动变速杆至R位，车机自动开启360°全景影像辅助×先生进行倒车，×先生觉得这个操作过程和以前的燃油汽车很相似，缺乏新鲜感
8:30	×先生吃完早餐，前往办公室工作
9:00	×先生起动汽车，从公司本部出发前往分公司，由于分公司的地址未能通过智能手机传送至车机，×先生只好在车机上手动输入分公司地址
9:15	由于分公司地处新城区，车流量较低，×先生在路上启动智能辅助驾驶功能，但双手仍需要轻扶着方向盘
9:30	×先生到达分公司停车场，突然发现汽车的剩余电量已经很低，而且停车场没有配置充电桩，但由于时间问题也只好先去开会

（2）图片形式的场景故事可视化

静态的图片形式也是产品设计领域中常用的场景可视化手段，故事板与情绪板则是两种典型的静态可视化方式。在电影行业，场景故事板也被称为分镜脚本，主要作用是将文字形式的剧本以图案化的形式展现。而在产品设计领域中，故事板主要用于展示用户在一段时间内使用产品的过程，通常以场景漫画的形式表达。具体而言，场景故事板的绘制普遍以用户使用产品的时间顺序为依据，以用户使用行为的变化为单位，区分出多个场景单元，再由多个连续的场景单元共同构成完整的场景故事板。每个独立的场景单元中还会包含用户与产品发生交互行为的细节、周边环境信息、时间信息以及用户情绪等内容。适当运用场景故事板能使设计研究人员更清晰、高效地对场景进行分析。首先，如图2-6所示，场景漫画是场景故事板最常见的表现形式，简单的主题形象配合说明性的文字或图案，即可构成基本的场景单元。其次，也有以图片拼接方式组成的故事板。设计研究人员通过选择合适内容或氛围的图片进行裁剪拼接，并按行为发生的时间顺序进行综合整理，可呈现视觉效果更丰富的场景故事。最后，还有以图标形式制作的故事板。由于无需绘制人物形象等相对复杂的内容，该类型场景故事板更具有条理性，通常应用于服务设计领域，以强调设计的全流程体验。对比文字形式的场景故事，故事板可以对其中的某些重要情节进行强调，以更直观和形象的手段进行表现。一份完整的场景故事板中的各个场景单元还可以进行横向的对比分析，帮助设计研究人员以更系统的角度思考用户与产品间的关系。此外，完整的故事板还能为设计研究人员提供完整的场景故事体验，各场景单元之间环环相扣，细节呈现也更清晰与详细，有助于拓展创新设计的深度与广度。

图2-6　场景故事板

区别于场景故事板，情绪板更侧重于表现场景所传达的情绪与感受，通过挖掘场景中激发用户情绪变化的多种元素，辅助探讨产品设计的推进方向，如图2-7所示。影视行业中通常也会建立情绪板，为整部影片定下氛围和感情的基调。因此，情绪板也可用于产品设计领域，强化用户与产品之间的情感联系，并逐步建立用户对产品的信赖感。

图2-7　情绪板

制作情绪板需要明确场景故事中用户所产生的多种情绪变化，通过收集与特定情绪相关的图片素材进行元素的提炼，以拼接的手段形成一份完整情绪板。但情绪板没有固定的展示形式，由于每位设计研究人员对情绪的理解不同，收集到的图片素材会存在一定的差异。设计研究人员需要依据自身经验和习惯对其进行提炼，制作多份形式各异但情感相似的情绪板，以支持后续多个产品设计方向。

（3）动态形式的场景故事可视化

动态的场景故事是一种更容易触动用户的可视化形式。通过视觉与听觉的感官呈现，动态的可视化形式能营造出文字形式或图片形式难以实现的临场感。但依据不同的设计需求，场景故事可视化类型的选择也有所不同。通常为了更好地理解与接受所规划的未来场景，会以文字与图片为主要呈现形式，动态形式则多用于展示场景使用部分的设计效果。

3. 场景使用

场景使用是运用场景分析法深入探讨设计目标的最后阶段，也是体现场景分析法挖掘目标价值的阶段。设计研究人员通过对场景前期的研究分析，建立用户模型及场景故事，并以可视化形式对其进行表达，从而挖掘场景中的问题点和需求设计点。场景使用为设计推进指明方向，并可形成初步的设计方案。在产品设计领域，应用场景思维有助于设计研究人员更系统地挖掘用户需求，增强设计者与用户间的同理心，确保设计过程始终以用户为中心。

2.4 场景分析法在纯电动汽车内饰设计中的价值

场景不仅仅是对事件发生的时间、内容等信息进行简单的描述，还需通过大量的场景细节铺垫，向观众解释事件发生的潜在原因。只有严密梳理并排序场景中各事件的逻辑，才能最终形成富有情节故事性的完整场景。由于场景分析法一般用于对未发生事件的推演，因此必须基于设计研究人员的深入调研分析和设计可视化的场景故事，才能为观众呈现更可信的未来预测。

由于纯电动汽车的研发周期较长，设计研究人员难以预估用户未来的需求与审美喜好。因此，合理运用场景分析法对未来的预测作用，设计研究人员可以更有效地理解用户并挖掘其潜在需求，从而向用户提出更满意的设计方案。在纯电动汽车内饰设计领域，结合场景分析的方法和思维，首先，需对内饰设计领域可识别的发展趋势进行深入研究与总结，并以此为基础合理预测未来用户需求；其次，在运用场景分析的过程中，内饰设计师通过对用户的研究，可突破一贯的思维模式，以更广阔的视角看待设计目标。结合对用户的定性及定量深度调研，为最后挖掘出的用户需求提供更可靠的数据支撑。

1. 场景分析法主导设计方向

场景分析法最初运用于军事预测领域，基于某一特定的发展趋势对事件未来的发展做出系统性的预测。而在以往的产品设计中，场景分析法主要用于对用户使用产品的某一特定问题进行场景可视化或设计方案的场景可视化，较少运用其预测分析作用。

综合本书对场景分析法的研究分析，以目前应用相对广泛的斯坦福研究院（SRI）提出的六步场景分析思路为基础，将其与当前纯电动汽车的内饰设计流程进行整合，建立基于用户场景驱动的纯电动汽车内饰设计研究策略。再以前面章节对纯电动汽车内饰设计现状的分析及发展趋势总结为基础，引导构建场景并推进最终设计的执行。

2. 场景分析法深化典型用户特征

在纯电动汽车内饰设计中，运用场景分析法须准确把握目标用户定位。内饰设计师通过代入目标用户的思维，以更具有同理心的思考方式推进设计，降低设计产出的主观性。如场景建立章节所述，用户模型是建立完整场景的关键工具之一，但鉴于纯电动汽车的设计生产周期较长、工程技术复杂，单独的用户模型难以满足未来预测需求。因此，须将用户模型置于完整的场景故事中，以提升场景分析法的可靠性。

首先，在设计项目前期的用户调研阶段，须对用户进行深入研究分析。通过观察或访谈了解用户真实的用车场景案例，获取代入角色所需要的多种信息，有助于建立更可信的典型用户模型。其次，需要结合基于场景故事的场景建立方法，在规划完整场景的过程中不断完善典型用户模型，使其成为更丰满的人物形象。以典型用户的活动作为场景故事的主线，清晰梳理用户、纯电动汽车产品以及环境的关系。此外，典型用户模型能引导场景故事逻辑思路，通过了解典型用户，内饰设计师能更清晰、全面地理解场景故事。

3. 场景分析法梳理多场景需求

在纯电动汽车内饰设计的过程中，运用场景分析法须结合用户模型与场景故事两种场景建立方法。通过将与设计目标相关的用户、产品、环境及其交互关系等多方面的因素综合到场景故事中，提升内饰设计师的场景代入感，丰满的场景故事及典型用户模型还将激发内饰设计师的设计灵感。

通过在实际案例与场景故事中不断转换设计思维，使内饰设计师对用户与纯电动汽车产品之间的关联有更深入的理解，进行需求设计点挖掘时也更具系统性与科学性。当内饰设计师面对争议问题时，可通过转换场景思维，把握问题的关键因素。

2.5 基于场景需求理论的纯电动汽车内饰设计流程与方法

1. 基于场景需求的纯电动汽车内饰设计流程框架的构建和形成

构建基于场景需求的纯电动汽车内饰设计理论，如图2-8所示。基于场景需求的纯电动汽车内饰设计理论以用户体验为中心，从用户出发进行场景研究、需求研究、设计架构、方案设计、设计验证与生产，最终产出符合用户核心场景需求的纯电动汽车。此处的"由内而外"指两方面：一方面是由用户内在需求出发进行汽车的设计；另一方面，进行整车开发须基于内饰设计方案推导外饰设计方案。该设计理论是一个不断改进和完善的过程，呈现螺旋上升的趋势，在完成生产后将再一次进行用户体验数据的收集，进行车型的迭代或相应软件的更新。

如图2-9所示，纯电动汽车的主要内饰设计流程包括场景研究、需求研究、设计架构、方案设计、设计验证与生产五个流程，各流程的主要内容如下。

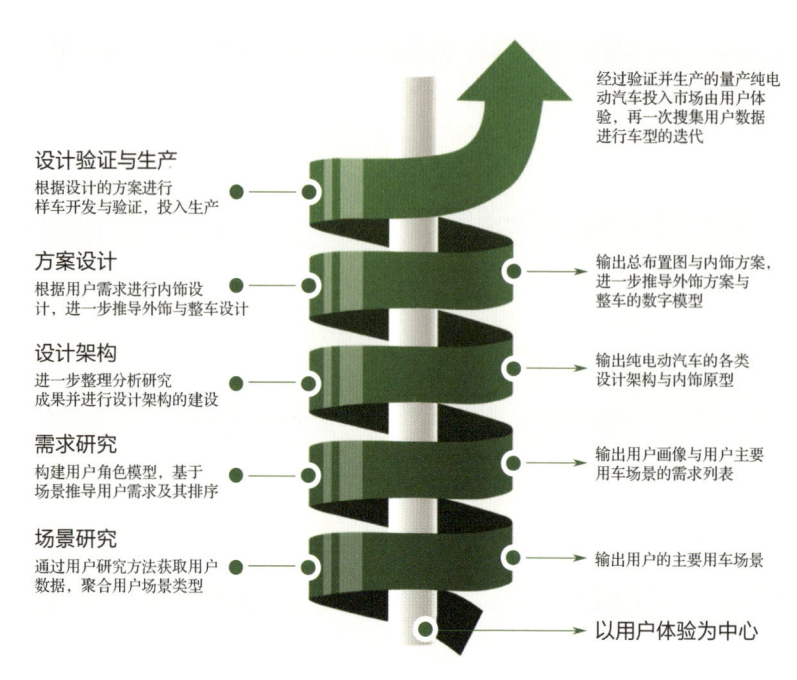

图2-8 "由内而外"的纯电动汽车内饰设计理论

图2-9 基于场景需求的纯电动汽车内饰设计流程

（1）场景研究

场景研究是对用户本身和用户的用车主要场景进行研究，主要包括确认目标用户、用户研究、用户场景收集、场景归类四个主要流程。通过场景研究为后续的需求研究提供必要的数据支撑。

1）确认目标用户。用户是场景的三个组成要素之一，对场景的构成有重要影响。在研究用户及其用车场景前，须确认目标用户。但在内饰设计的初期阶段，在研究用户及其用车场景前，须确认目标用户，如针对"80后""90后""中等收入人群""空巢老人"等不同人群而设定的内饰设计目标，针对"结合生活和娱乐""方便父母接送儿女""大量储存空间"等不同目标用途的内饰设计目标，以及针对"极简主义""豪华大气""运动感"等不同设计风格的内饰设计目标。不同的人群定位、用途定位、风格定位决定了不同的设计要求与特征。因此，须根据项目要求，通过具体的目标用户定位来进一步分析用户需求与设计需求，通常会通过案头研究、市场调查等手段来获取相关数据。

2）用户研究。在完成目标用户定位后，须进一步开展用户研究，通过调查用户生活方式、消费习惯、行为方式等信息，来研究用户的用车动机、用车需求、价值观等关系用户体验的要素，以此来研究用户潜在的真实需求。为获取用户的相关数据，可运用焦点小组、用户访谈、问卷调查、用户观察等社会学的研究方法。设计师通过用户研究的手段，可以了解用户日常生活和用车的具体场景，并从用户角度出发，去思考用户在场景内的行为习惯和与汽车的交互方式，以此分析用户的心理感受，为后续的场景分析、需求分析提供数据支持。

3）用户场景收集。完成用户研究后，通过收集和分析用户的用车日志、观察日志等数据资料，总结整理用户的生活场景和用车场景。分析用户需求须将用户置于具体的场景中。即使针对同一功能点，不同场景下用户的需求也不同。例如，中控屏幕操控在手动驾驶通勤场景中，用户须在不转移视线的情况下准确操控；而在自动驾驶通勤场景中，此类需求会降低。因此，全面详尽地收集用户场景是需求分析的前提。在当前智能互联技术极大丰富的背景下，获取用户场景数据不仅可通过用车日志等用户研究手段，还可借助车载导航、车载自动诊断系统（OBD）等智能设备收集车辆位置、用车时间、交通路况、操作行为等数据，并依据这些数据划分不同维度，描述用户的用车场景，完成用户场景的收集。

4）场景归类。完成用户场景收集后，须对大量的场景数据进行归类，从中挑选典型场景以进行后续的需求分析。场景归类需要设立一定的评价维度或标准，以评判该场景是否具备典型性。场景评价维度的设立因产品、开发阶段和研究需求不同而有所差异。对于纯电动汽车的使用场景而言，时间、地点、用户行为是必不可少的评价维度。基于场景维度，可根据研究需求对场景进行不同颗粒度的归类，颗粒度过粗会导致场景描述过于模糊，缺乏代表性与典型性，颗粒度过细会导致场景聚类不够明显，同样丧失代表性与典型性。只有基于合适的颗粒度对场景进行归类，才能使各典型场景下的用户需求和场景权重有明显差异。

（2）需求研究

需求研究要基于场景研究，运用多种手段对场景研究的数据进行分析，从而推导用户需求列表。需求研究过程包括目标角色模型、情景场景剧本构建、需求列表、需求排序四个主要流程。

1）目标角色模型。目标角色模型的构建通常采用用户画像法，如前文所述，对用户研究中的用户信息进行抽象处理，提取成标签，并将标签反转化为具体的几类用户形象，可以有效地聚焦目标用户。

但用户画像法在实际操作中往往会遇到两类问题：一方面，基于大数据的前提，用户画像可以不断细化。当达到一定的颗粒度时，可以将每个用户都视为不同的用户画像类型，精准对应分析其需求。但此时，用户类型与产品类型的精准映射关系反而难以建立，家庭背景、经济条件、价值观等方面相似的用户却可能选择不同类型的产品。另一方面，销量排名前列的产品，如哈弗H6、本田思域，其用户类型特征却较为模糊，用户群是代表某细分市场平均水平的用户类型，在用户画像上体现的特征反而不够明显。

因此，本书的目标角色模型聚焦于用户画像的主要特征，例如所在城市、收入水平、家庭情况、车辆用途和用车态度等。在不刻意细分用户和降低颗粒度的情况下，使设计师能够把握用户类型的差异，准确推导其需求，聚焦提升主要目标人群的用户体验。

2）情景场景剧本构建。在完成目标用户模型后，依据主要场景类型构建情景场景剧本，将目标用户模型置于情景场景剧本中，从用户角度出发推导其在各个场景下的需求。通过情景场景剧本详细描述用户在每个场景下的汽车使用流程与交互行为，设计师可据此准确分析用户的实际体验，合理定义用户与汽车的关系，从而推导用户的需求。在情景场景剧本的构建中，常采用头脑风暴法。设计师围绕具体的关键词进行头脑风暴，既保证足够的思维发散以提供大量设计可能性，又确保发散过程在可控范围内，高效聚焦于问题点。

3）需求列表。通过分析情景场景剧本，设计师可推导出用户在不同场景下的需求，包括功能需求、信息显示方式和交互方式等。初期需求列表数量多、类型复杂，甚至存在重复或矛盾的需求。因此，须进一步分析和整理需求列表。需求列表的分析和整理无固定模式，设计师可根据具体项目需求设定不同评判标准，依据需求层次、类别、权重等标准，合并重复需求，删除不必要需求，最终形成合理的需求列表。

4）需求排序。完成需求列表后，须进一步进行需求排序以确认需求优先级。设计师基于需求层级、细分场景等方法对需求进行优先级排序。常用的需求排序方法是基于Kano模型，通过划分满意程度和功能满意程度两个维度，设置需求问卷进行用户调查，并基于调查结果对需求进行排序。基于需求优先级排序，设计人员结合项目要求制定开发决策，编写设计需求文档，为下一步设计框架提供指导。

（3）设计架构

设计架构是基于场景研究和需求研究的结果，进一步整理研究分析和成果，并构建交互架构、工业设计架构、视觉架构等，明确后续方案设计的具体设计任务，提高设计效率。设计架构主要包括关键路径场景剧本构建、架构模型、内饰原型、设计评审四个主要流程。

1）关键路径场景剧本构建。关键路径场景剧本也称故事板。完成需求研究后，设计师依据具体的设计需求文档，通过关键路径场景剧本聚焦用户与汽车的关键交互行为和需求，实现用户需求到设计的转化。构建关键路径场景剧本时，首先，依据目标用户用车的关键场景，按时间线排列各场景，并总结用户与汽车的具体交互点和形式。其次，将用户角色模型置于按时间线排列的场景中，并让设计师代入用户视角，通过头脑风暴探讨用户需求的可能设计实现方式。最后，依据设计实现方式，再次按时间线构建关键路径场景剧本（故事板）。通过分析场景中可能的需求实现方式，设计师可以进一步理解用户需求，并从用户角度评估各设计要素对用户情绪和态度的影响。

2）架构模型。完成关键路径场景剧本构建后，设计师须进行架构模型设计，明确整体设计架构。架构模型的建立包括交互架构模型、功能架构模型、视觉架构模型等。汽车设计的架构模型明确了设计目的、思路和语言，避免在内饰原型和后续方案设计中出现方向性失误，或因过分纠结细节设计而降低效率。

3）内饰原型。基于整体架构模型，设计师须在短时间内、低成本地对架构模型进行填充，设计出一定数量能满足用户需求的整体性解决方案，即内饰概念或系统，也称内饰原型。内饰原型的设计可分为虚拟和实物两种。虚拟的内饰原型可通过计算机仿真技术，建立硬件数字模型和虚拟软件界面，并经相关软件进行原型展示。实物的内饰原型则可通过简单的实体框架模型，模拟纯电动汽车内饰的人机布置、功能元件、交互方式等内容。同时，根据纯电动汽车开发项目中不同阶段的需要，汽车内饰原型也可采用文字脚本、图片展板、实物框架等不同形式，并通过纸质介质、电子屏幕、实体模型等输出媒介进行展示。内饰原型能以低成本、高效率的形式展现当前设计成果，设计师可在此基础上进行即时的反馈修改，节约后续方案设计中的试错成本，为方案设计提供整体方向。

4）设计评审。内饰原型完成后，须经过专家或者用户评审，以获取该内饰原型的实际用户体验数据以及设计评价。专家评审通常由多部门人员组成，从造型、工程、交互等层面做出评价与提出意见，设计师可据此获取即时反馈并快速修改。此外，通过多次的用户测试，如眼动测试、A/B 测试、行为观察、问卷调查等形式，来获取用户对于各个内饰原型的实际体验数据，实现内饰原型优劣点的分析。经过多次设计评审，设计师反复修改并确认的内饰原型可作为方案设计阶段的设计输入，帮助设计师在把握整体方向的基础上更高效地进行具体设计。

（4）方案设计

方案设计的流程参考前文所述的纯电动汽车内饰设计流程。设计师在获取设计任务书后，首先，基于场景研究和需求研究的成果，结合设计原型进行概念设计，明确本次方案设计的概念关键词。其次，以概念关键词为核心，参考相关实物，将概念与内饰原型结合，转化为实际设计，并绘制二维效果图。二维效果图须经过多轮的设计评审，在获得各部门人员反馈的基础上不断进行修改并最终确认。数字化设计师会根据二维效果图，在与设计师沟通交流的基础上完成纯电动汽车内饰三维数字模型的建立。此后，经过多轮设计评审并修改完成后的三维数字模型会由油泥模型师通过系列工具塑造为内饰油泥模型。经过设计部门领导与各部门专家等人员的测试与反馈，油泥模型师会进一步完善油泥模型。经油泥模型师修正后，通过三维扫描仪将油泥模型还原为三维数字模型，设计师与数字化设计师进一步修整，确认最终三维数字模型。与此同时，设计师需要根据设计任务书和概念设计完成纯电动汽车内饰的色彩、材料和表面处理工艺（CMF）设计，确认内饰设计的色彩搭配、面料包裹和材料成型工艺等步骤。方案设计阶段所完成的设计方案会囊括纯电动汽车内饰设计的所有领域，全面覆盖未来落地成品的每个细节。

(5) 设计验证与生产

根据方案设计内容，车企对纯电动汽车内饰开发模型进行样车开发。样车须经多轮测试，评估其可用性、可行性和功能性，确认是否符合设计任务书目标和概念设计方向。测试方式包括主观和客观测试。主观测试主要依赖测试人员的五官感受，测试内容包括内饰的舒适性、操控性、美观性等方面。客观测试主要通过物理化学仪器进行各项物理化学数据的检测，检测内容包括操控稳定性、动力性、车内噪声质量等方面。完成测试后的样车，在各项指标符合预期目标的前提下，会进入实车生产阶段，并最终实现新车发布。

在完成生产发布之后，消费者开始正式接触设计完成的纯电动汽车。发布后的汽车销售、维护、售后服务等环节同样与用户体验密切相关，影响着用户对于该汽车品牌的观感好恶。在智能网联技术的支持下，可通过软件更新不断赋予纯电动汽车新的功能与体验。例如，部分车型硬件已支持L4级自动驾驶，但因软件算法限制只能实现L2级自动驾驶。通过软件更新提升自动驾驶等级，增加智能泊车、自动巡航等功能，能给用户带来更好的体验。因此，在生产发布完成之后，仍需通过用户反馈和数据收集等方式来获取用户的实际感受，为后续的改良和升级提供参考。

2. 基于场景需求的纯电动汽车内饰设计流程与方法的创新意义

目前，多家车企通过概念车设计在未来汽车设计方面做出了关键尝试，但在实际纯电动汽车生产中，对用户需求的定义还处于较为模糊的状态，主要参照传统燃油汽车的需求进行设计与生产。同时，目前汽车设计领域对于需求获取的方式较为局限，主要依赖市场销售意见、用户反馈的直接需求、用户访谈及用户画像推导用户需求，暂未获得突破性的方法。

本书基于上述背景，秉持以人为本的设计理念，通过纯电动汽车用户的主要用车场景推导其需求，并参考以往纯电动汽车内饰的设计流程，提出基于场景需求的纯电动汽车内饰设计流程与方法，其创新意义可从理论创新、方法创新及应用实践创新三方面论述。

1) 理论创新：不同于"人服从车""由外而内"的传统燃油汽车设计原则，本书从纯电动汽车车内空间以及出行方式的变化出发，明确场景及用户体验在汽车设计中的作用，提出基于场景需求的纯电动汽车设计理念。

2) 方法创新：首先充分利用调查法搜集用户相关资料，通过一手资料直接了解用户行为与需求；其次弱化用户画像，强化场景分类，从使用场景角度切入，分析用户的实际需求；最后收集足够的样本资料，以统计学方法建立用户评估的数学模型，使研究建立在翔实的资料分析上。

3）应用实践创新：在运用研究成果开展实践的同时，将理论与实践相结合，对实践成果进行评价分析，根据评价反馈进行理论调整修正，进一步完善理论体系并指导实践。

小结

本章提出了基于场景需求的纯电动汽车内饰设计流程框架，主要包括场景研究、需求研究、设计架构、方案设计、设计验证与生产五个流程。首先，对目标用户本身及其用车场景进行研究，归类主要的用车场景并建立目标角色模型，并将目标角色模型置于情景场景剧本中，以进一步推导目标用户需求。其次，对需求进行分析与排序并编写设计需求文档，通过建立设计架构为后续具体设计打下基础，避免设计精力的浪费。经过概念设计、二维效果图绘制、三维数字模型构建、油泥模型塑造等方案设计步骤，在多轮设计评审后确认最终方案。最终，样车经过多轮测试后投入生产与发布。本章最后从理论创新、方法创新、应用实践创新三方面，阐述了基于场景需求的纯电动汽车内饰设计流程与方法的创新意义。

第 3 章 基于 SRI 场景分析模型的典型场景分析策略

目前，纯电动汽车普遍作为人们的出行代步工具，在日常使用过程中需要面对多样化的行驶环境。而在不同行驶环境下，纯电动汽车用户也会产生多种不同的感性需求。通过对用户出行行为的研究分析，将以斯坦福研究院（SRI）提出的六步场景分析思路为基础，整合当前纯电动汽车的内饰设计流程，建立适用于纯电动汽车内饰设计的场景分析策略，从而主导场景分析法在纯电动汽车内饰设计领域的合理运用。

3.1 SRI六步场景分析模型

自美国壳牌石油公司运用场景分析法成功应对中东石油危机以来，场景分析法不断发展和完善，并衍生出了许多不同派别的场景分析方法。例如SRI的场景战略发展模型（Scenario-Based Strategy Development，即六步场景分析模型）、巴特尔研究所的未来交互仿真模型（Interactive Future Simulations）、美国南加州大学的相互影响交互仿真模型（Interactive Cross-Impact Simulations）、哥本哈根未来研究院的未来游戏模型（Future Game）、未来集团的基础规划方法（Fundamental Planning Method）以及东北咨询资源的未来蓝图模型（Future Mapping）等多种模型。分析Ringland等国外学者对常用场景分析法的整理归类，以及娄伟、邢霁月等国内学者的研究成果，发现SRI提出的六步场景分析模型是目前应用频次较高且应用范围较广的场景分析方法之一。

SRI六步场景分析模型规划的应用思路，分为明确决策焦点、识别关键因素、分析外在驱动力量、选择不确定轴向、发展情节逻辑及分析场景内容。作为预测型的研究手段，SRI场景分析思路由其关注点出发导出多种设计结果，假设被确认的设计目标具有重要性和确定性，而不具备不确定性的特征，则无法成为场景分析法的关注点。由于其不确定性是得出未来场景诸多可能性的重要隐性基础，若设计目标具有确定性，则将会导出唯一性结果。因此，在应用其分析思路的过程中，需要先对设计目标进行确认，以具备发展不确定性的设计目标作为场景建立的主线。

本书基于用户典型用车场景对纯电动汽车的内饰设计进行探讨。由于纯电动汽车的内饰设计受多方面因素影响，呈现多样化的发展趋势，因此，本书的设计目标契合场景分析思路的不确定性特征。确定设计目标及其特征后，需要对影响设计进程的关键因素进行确认，例如环境的影响、用户的需求，甚至社会经济、市场需求、政府政策等更高层面的影响因素。依据影响水平或用户关注度，对关键因素进行归类整理，构建场景故事发展的框架。此外，须根据设计需求确定单个或多个场景主题，基于因素归类框架丰富场景内容，完善场景故事剧本的可视化呈现。当前研究指出，场景数量在3个及以下时，场景分析结果可信度较高。完成场景剧本后，须从中挖掘出用户的显性需求、潜在需求以及发展趋势等要素，并据此进行设计开发与完善。

如图3-1所示，本书基于SRI六步场景分析模型的应用思路，综合纯电动汽车内饰设计流程，并对其操作步骤进行重新梳理，整合为六个步骤，即场景设

图3-1 适用于纯电动汽车内饰设计的SRI六步场景分析模型

定、体验需求、要素设定、布局设定、设计细化、设计优化。其中，场景设定与体验需求步骤对应场景建立阶段；要素设定与布局设定步骤对应场景描述阶段；设计细化与设计优化步骤对应场景使用阶段。通过将场景分析过程的六个步骤与三个阶段一一对应，使场景分析法能在纯电动汽车内饰设计过程中实现更系统、高效的运用。

3.2 基于用户出行行为的场景设定

场景设定是 SRI 六步场景分析思路在纯电动汽车内饰设计研究中应用的首要环节。在此环节中，设计研究人员须明确设计目标与设计任务，从而设定符合需求的场景主题。

1. 用户出行行为分析

目前，纯电动汽车作为人们的重要出行工具之一，与人们的出行行为有着非常密切的联系。因此，须对纯电动汽车的内饰进行设计探讨，并研究用户的出行行为与出行活动。

"行为"一词通常用于特定的人物，指其在某时段到某地进行某事。通过将行为概念引入到出行过程中，针对性的研究范围将从人或物的位置，移动拓展至与引发位置移动相关的用户个体甚至家庭的因素上。由于人们普遍具有社会性的特征，加之对生存或生活的需要，大部分人都需要通过参与各种各样的活动以维持自身的社会关系。但每个独立个体往往会承载各自独特的社会关系，例如公司里的职员、家庭里的爸爸等，不同的社会关系亦导致了日常生活中不同的出行行为。

伴随着社会经济的发展，人们的出行行为特征也逐渐发生改变，与以往不同的是出行活动的范围会更大，出行目的地更多样化，而不仅仅限于近距离出行。另外，随着纯电动汽车等私人交通工具的保有量迅速增长，出行行为也从个体出行逐渐转变为家庭共同出行的趋势，例如由儿童出行带来的陪同行为或互助行为。因此，以人们的出行行为为依据，对纯电动汽车用车场景进行归类总结，从而得出典型场景，能够帮助设计师深入分析用户的潜在需求。

2. 纯电动汽车典型场景主题设定

如表3-1所示，依据多种纯电动汽车出行行为所具备的独特模式及出行特征，综合邵昀泓、李惠等学者的研究，参考国内外文献对出行行为的分类方法，对多种典型纯电动汽车出行活动进行整理，划分为以下三大类。

表3-1 三类典型出行活动

公务型出行活动	生活型出行活动	娱乐型出行活动
上下班通勤活动、上下学通勤活动、公务出差活动等	购物出行活动、朋友聚会出行活动、生活护理出行活动、业务办理出行活动等	自驾出游活动、节假日探亲访友活动等

（1）公务型出行活动

公务型出行活动是人们作为社会成员，为了实现自身社会价值而普遍需要参与的活动形式，尤其是以工作学习为导向的出行活动，主要包括成年人的上下班通勤活动以及学生的上下学通勤活动等内容。公务型出行活动普遍具有长期性及规律性两项特性，对大部分人而言，该类型出行活动的出发点与目的地，甚至出行路线，在长时间内会保持不变。公务型出行活动的时间特征亦相对规律，在早晚时段内形成两次出行高峰期，一般是7:00—9:00以及17:00—19:00。

（2）生活型出行活动

生活型出行活动是指以满足用户个人及家庭物质需求为前提的出行行为，主要包含购物、护理、个人业务办理等出行弹性较高的活动类型。随着人们生活水平的日益提高，以购物出行为主的生活型出行活动，在纯电动汽车用户群体中的频率和次数亦呈现明显的上升趋势。

（3）娱乐型出行活动

区别于上述两类出行活动，娱乐型出行活动是以满足个人或家庭的情感需求为基础的自主出行行为，主要体现为人们普遍希望通过进行娱乐型出行活动，获得快乐、愉悦的积极情绪，形式多以自驾游及返乡探亲为主。娱乐型出行活动通常会发生在节假日期间，并在白天时段形成出行高峰期。由于娱乐型出行活动通常还会伴随着用户抵达目的地后进行的生活型出行活动，因此其活动特征具有复合性及多样性。

综上所述，结合纯电动汽车用户的多类出行活动，以及前人对出行活动的分类方法，总结出纯电动汽车的三类典型场景主题，分别为以通勤出行为典型的公务型出行场景、以购物出行为典型的生活型出行场景以及以自驾游出行为典型的娱乐型出行场景。后续研究将以场景分析的思路，对场景主题特征进行补充及丰富，以探索用户在多场景下的实际需求。

3.3 用户体验需求

由于每位用户的心智模型存在一定差异，对纯电动汽车内饰设计的需求亦各有侧重，因此，在纯电动汽车内饰设计尚未成熟时，须对用户进行深度的需求调研。通过深入的用户调研并观察其用车行为，可了解用户在不同用车场景中对纯电动汽车内饰的期望与问题，并基于调研结果构建可靠的用户模型及情景场景故事剧本，为后续设计出提升用户内饰体验的方案做铺垫。

纯电动汽车面向的用户人群相对广泛，为得到更真实有效的用户信息，研究选取了纯电动汽车车主和纯电动汽车相关的从业人员，如纯电动汽车造型设计师、色彩面料设计师、交互设计师、结构工程师、4S店销售人员以及汽车设计专业学生，作为调研的主要目标用户。通过线上与线下双渠道对目标用户进行调研，线上部分主要通过问卷调研用户信息，包括用户的基本信息、用车情况以及个人性格取向等内容。为获取到较大的调研基数，以提高调研结果的可靠性，线上问卷发放的范围包括两个200人以上的纯电动汽车车友微信群和纯电动汽车资讯微信群。线下调研部分则主要以一对一深度访谈的形式与用户进行深入的交流分析，通过初步沟通了解用户主要用车场景，并按公务型、生活型以及娱乐型三类出行场景对目标用户进行分类筛选。综合实地调研的限制因素，最终确定与6名目标用户进行线下访谈，其中包括从事纯电动汽车研发类工作的用户2名，纯电动汽车销售人员1名以及纯电动汽车车主3名，具体车型包括特斯拉Model 3、广汽新能源Aion LX、五菱宏光miniEV、知豆D2S、比亚迪宋pro EV以及蔚来ES8。通过完整记录访谈过程中用户陈述的真实用车案例，探索纯电动汽车内饰设计中的关键因素与不确定性因素，有助于在纯电动汽车广泛使用的愿景下，构建公务型、生活型以及娱乐型三类内饰–用户典型场景故事。

深度访谈法是一种常用的访谈方法，也是获取一手资料的重要途径之一。设计研究人员通过访谈过程中与用户进行面对面的交流，可即时获取用户当下对所提目标的态度与想法，并灵活挖掘潜在需求，立即验证先前假设问题的准确性。合理运用深度访谈法可以拓展体验需求阶段的资料丰富度并加大资料分析的深度，有利于更好地发掘用户的隐藏价值观念。研究选择纯电动汽车研发工程师、4S店销售工作人员以及纯电动汽车车主三类与纯电动汽车产品有密切关系的人，作为深度访谈调研分析的目标用户，并以定性调研的方式进行用户调研工作。在调研过程中，需要对谈论的内容进行详细记录，留意目标用户的行为特征、惯用的产品类型、穿衣处事风格等个人信息。如图3-2所示，访谈环节结束后通过运用AEIOU分析框架对访谈记录进行系统性的整理分析，以获取纯电动汽车内饰在特定场景下存在的问题，并提出相应的设计方向。

预备访谈资料 ⇒ 撰写访谈提纲 ⇒ 选择访谈对象 ⇒ 记录访谈内容 ⇒ 整理访谈数据

图3-2 访谈调研流程

如图3-3所示，AEIOU分析框架是Robinson等提出的一种对活动、环境、交互、物件以及用户进行系统整理分析的工具。合理运用AEIOU分析框架，可以从设计研究人员的调研记录及观察资料中获取用户的显性需求和潜在需求。AEIOU分析框架可以对调研中的基础信息进行全面的整理及分析，尤其是在多活动并行的复杂环境下，很多共性问题难以被设计研究人员洞察。运用AEIOU分析框架有助于更清晰地挖掘被隐藏的关键因素。

AEIOU分析框架的具体含义：A指Activities，即场景中发生的各类活动，代表具有目标导向性的一系列行为；E指Environments，即场景发生时所处的环境信息，包括时间、地点以及一些具体的细节信息；I指Interactions，即场景中的用户、环境、产品等之间的交互行为，是对Activities更细致的描述；O指Objects，即场景中聚焦的产品或物件；U指Users，即调研分析中的目标用户。由于以上五个元素之间存在着非常紧密的联系，因此需要以整体的思维来进行分析处理。基于目标用户特有的背景信息，运用AEIOU分析框架可以综合了解纯电动汽车用户的群体特征，理解其日常用车行为，从而洞察潜在的需求设计点，以支撑后续纯电动汽车典型用户模型的构建。

完成定性访谈调研后，还需对目标用户进行问卷形式的定量调研，以获取

访谈时间：	访谈地点：	访谈对象：	对象背景信息：		
AEIOU分析					
Activities/活动	Environments/环境	Interactions/交互	Objects/物件	Users/用户	活动等级
场景问题发掘					
潜在需求设计点					

图3-3 基于AEIOU分析框架的访谈调研分析表

更丰富的纯电动汽车用户群体信息。关于用户信息的定量调研问卷分为三部分，首先是调研用户的基本信息，以获取纯电动汽车用户的特征；其次是用户的用车情况，包括购买动机、家中汽车数量以及日常用途等资料；最后收集目标用户对待纯电动汽车的价值观、销售影响因素、出行场景以及出行里程数等内容。问卷形式的定量调研也是后续场景剧本基础信息收集和丰富的重要环节，结合线下访谈的定性调研结论，共同引导场景设定要素，并进行布局规划。

3.4 场景要素与布局设定

1. 场景要素设定

前期场景分析理论研究提及，完整的场景中包含用户、产品、环境及其交互行为四类要素，场景要素设定部分着重针对其中用户形象的设定，即针对特定场景下的用户模型进行构建并完善。依据场景设定以及体验需求两部分的深入研究与分析，获取特定场景下的用户形象，以个人信息、生活信息以及用车信息三个维度对用户模型进行构建，并总结主要特征，从而形成丰满立体的人物形象。

2. 场景布局设定

场景的整体布局可以理解为对场景故事的整体规划。以要素设定中构建的用户模型为场景故事主线，依据体验需求部分的定性与定量调研结果，结合纯电动汽车设计、产业市场特征及发展趋势，丰富场景故事内容，得出公务型、生活型及娱乐型三类纯电动汽车典型用车场景剧本。

依据所规划的三类场景剧本，对用户在特定场景下的需求设计点进行初步归纳，运用FELS价值元素模型对各项需求设计点的产品价值类型进行分类整理，以验证场景剧本中导出的多项需求设计点能否普遍满足特定场景中的用户需求。结合Kano分析模型进行需求调研，针对场景剧本中的需求设计点设计Kano正向及反向问题，从而获取用户对上述设计点的需求类型及需求程度，这有助于后续场景使用部分对设计方案的指导与推进。

3. 基于FELS价值元素模型的用户需求梳理

对公务型、生活型以及娱乐型三类场景剧本进行丰富完善后，通过运用FELS价值元素模型对三类典型场景得出的需求设计点进行梳理与归类，以验证各需求设计点是否普遍满足特定场景下用户的用车需求。

由于人们购买产品时通常需要考虑多重心理因素，尤其是购买纯电动汽车这种具有较高价值的产品时，还需要考虑更复杂多样的因素。因此，为了使产品设计研究人员更好地理解特定产品特征带给用户的价值，从而产出更适合用户的产品，哈佛商业评论（Harvard Business Review）提出了FELS价值元素模型。如图3-4所示，FELS价值元素模型由30个基本元素构件组成，这些构件是用户追求的产品内部和外部需求。通常，30个基本构件会以金字塔的形式表示，从金字塔的底层往上，可以划分为四个不同类别，即功能性的产品价值（Functional）、情感性的产品价值（Emotional）、改变生活的产品价值（Life-Changing）以及社会影响的产品价值（Social-Impact）。价值元素金字塔的底部是最基础的物质需求，随着金字塔向上，元素的属性变得更加复杂、更加难以实现，直到实现自我超越的层次。

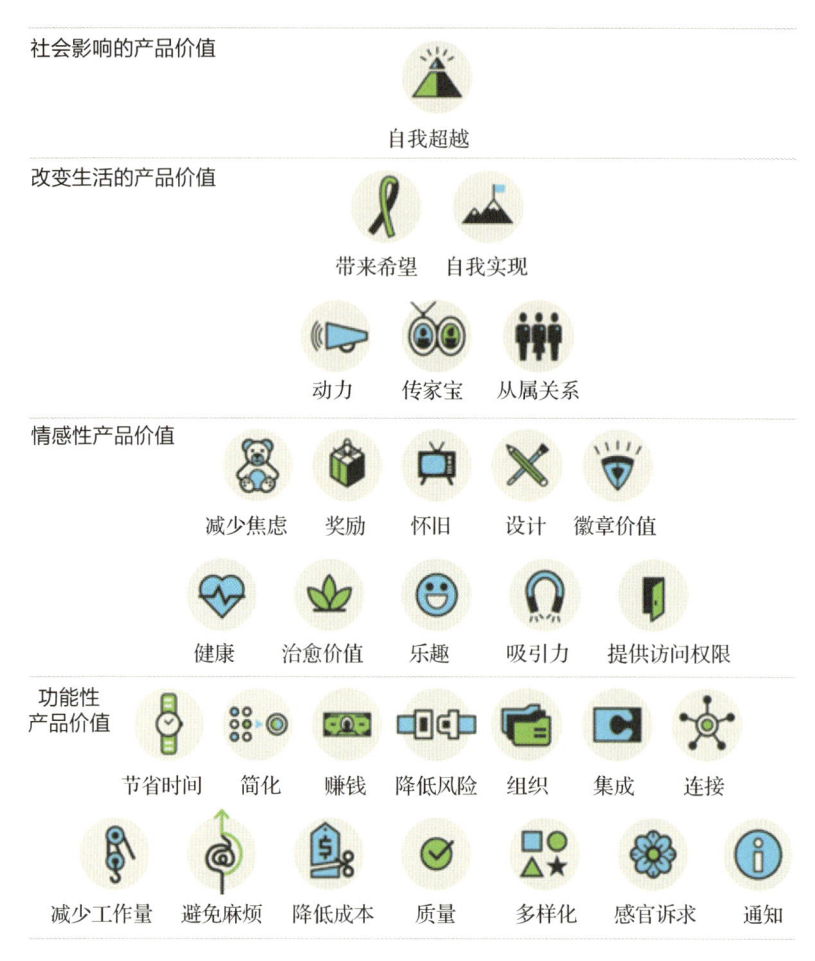

图3-4　FELS价值元素金字塔

（1）功能性产品价值

对产品自身而言，FELS价值元素模型中的四种类型都非常重要，而功能性的价值是其中包含元素最多也是最基础的一类，良好的功能性产品价值将为产品奠定好用、易用的基础。其中包括节省时间、简化、赚钱、降低风险、组织、集成、连接、减少工作量、避免麻烦、降低成本、质量、多样化、感官诉求和通知共14个构件。

（2）情感性产品价值

情感性的产品价值用于搭建产品与用户之间的情感联系桥梁，在用户购买产品或使用产品时为其带来舒适的体验，包括减少焦虑、奖励、怀旧、设计、徽章价值、健康、治愈价值、乐趣、吸引力和提供访问权限共10个构件。

（3）改变生活的产品价值

当产品具有改变生活的价值时，意味着产品能为用户带来某种形式的个人转变，包含自我实现、带来希望、动力、传家宝和从属关系共5个构件。

（4）社会影响的产品价值

社会影响的产品价值是FELS价值元素金字塔的最顶层，其构件为自我超越。具有社会影响价值的产品不仅对用户个人产生影响，还将影响拓展至更广泛的用户群体。

哈佛商业评论研究提出，产品中含有的元素构件越丰富，用户的接受度和喜爱度越高。但需要注意的是，产品必须在满足功能性的产品价值前提下，才能提供更高层次的产品价值。通过合理运用FELS价值元素模型，对各需求设计点进行价值元素分析及整理，为特定场景下的目标用户提供多种合理的产品价值，从而建立纯电动汽车产品与用户间的情感联系，并最终实现满足用户实际需求的内饰设计目标。

4. 基于定量化Kano模型的用户需求分析

Kano模型是基于赫兹伯格《工作的激励因素》一书的双因素理论提出的模型。赫兹伯格认为，保健因素与激励因素是影响人们工作的主要动机。基于赫兹伯格的观点，Kano模型认为产品与用户间同样存在保健与激励关系，具体为当某产品具备一定的激励因素时，会增加用户使用过程中的满意度，反之，若该产品缺乏激励因素，则用户也不会产生不满意，而当某产品具备一定的保健因素时并不会增加用户对其的满意度，反之，若该产品缺乏保健因素则会导致用户对其产生不满。如图3-5所示，Kano模型的完整架构与一维需求、必备需求、魅力需求等概念由日本质量管理学专家狩野纪昭提出，并首次应用于市场营销领域。

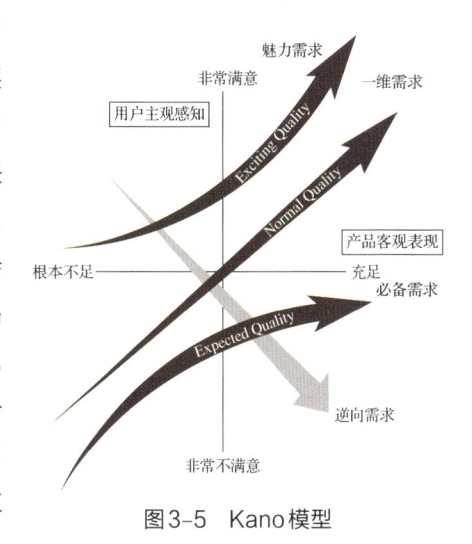

图3-5　Kano模型

Kano模型以坐标系的形式展示了五种需求类型的满足程度与用户满意程度之间的关系。当横坐标往正方向移动时，说明产品的某需求类型的满足程度逐渐升高，当横坐标往负方向移动时，则说明某需求类型的满足程度逐渐降低。而当纵坐标往正方向移动时，说明用户对该需求类型的满足程度逐渐升高，当纵坐标往负方向移动时，则说明用户对该需求类型的满足程度逐渐降低。上述五种需求类型的具体内容如下。

1）必备需求。必备需求是用户认为产品中必须具备的特性。当产品缺乏此类需求时，用户的不满意程度会增加，甚至会选择放弃该产品。相反，当产品满足必备需求时，用户也不会对产品表现出特别满意的态度。必备需求是一类产品必须提供的基本质量或功能特性，基于产品本身而言，必备需求是基础且隐性的，以至于用户不会对其进行过多评价。

2）一维需求。一维需求是用户期待的产品特性，它与用户的满意程度呈简单的线性关系。产品具有的一维需求特征越明显，用户对该产品的满意程度越高。反之，当产品缺乏一维需求时，用户会对产品表现出不满意。通常一维需求也是通过调研分析后最容易得出的一类需求。

3）魅力需求。魅力需求是指用户意料以外并能让用户产生惊喜的产品特性。此类需求在用户的期待范围以外，当产品满足魅力需求时，用户满意程度会大幅度提升甚至达到非常满意。如果产品中缺乏魅力需求，用户亦不会产生不满意的情绪，因为用户通常也不清楚自己有这类需求。通常，魅力需求是需要设计研究人员分析用户使用产品的过程以及细节才能得出的创新性产品需求类型。结合场景分析思路，对纯电动汽车内饰设计进行深入研究的目的之一，就是挖掘用户对它的魅力需求，从而形成用户体验更好的内饰设计。

4）逆向需求。逆向需求即用户不希望出现的产品需求，当产品满足逆向需求时，会引起用户的不满意，反之用户会对产品感到满意。

5）无差异需求。对用户来说，无差异需求是产品中可有可无的一类特性，相当于模型中的无关变量，无论产品是否满足此类需求，用户的满意程度都不会产生变化。

如表3-2所示，为了在产品设计过程中进行更直观的定量需求分析，Kurt Matzler为Kano模型开发了一种结构型调研问卷，通过对特定的产品特性进行正向与反向双重提问，来获取用户对特定产品特性的喜好数据，依据表3-3所示的Kano模型评价表以取最大值的原则进行分析，即可获取其对应的Kano需求类型。例如针对特定产品特性进行正向提问得到理所当然的回答，进行反向提问得到不喜欢的回答时，可判断特定产品特性对该用户而言属于必备需求。综合全部的Kano调研有效问卷，即可判断特定的产品特性对大部分用户而言的Kano需求类型。Kano模型与Kano模型评价表的综合运用可以对纯电动汽车用户的用车需求进行系统性分析与处理，从而挖掘出提升纯电动汽车使用体验的设计切入点，为纯电动汽车的内饰设计提供参考与指导。

表3-2　Kano问卷正向及反向问题设计

正向问题 如果产品特性Q1可以满足，你的感觉是？	A. 喜欢
	B. 理所当然
	C. 无所谓
	D. 可以忍受
	E. 不喜欢
反向问题 如果产品特性Q1不能满足，你的感觉是？	A. 不喜欢
	B. 理所当然
	C. 无所谓
	D. 可以忍受
	E. 喜欢

表3-3　Kano模型评价表

		反向问题				
		喜欢	理所当然	无所谓	可以忍受	不喜欢
正向问题	喜欢	Q	A	A	A	O
	理所当然	R	—	—	—	M
	无所谓	R	—	—	—	M
	可以忍受	R	—	—	—	M
	不喜欢	R	R	R	R	Q

基于孟庆良等的研究成果，定义S是J个受访用户的集合，即$S=\{t_j|j=1, 2, \cdots, J\}$，其中$t_j$是指第$J$个受访用户；定义$C$（Characters）是I类产品特性的集合，即$C=\{C_i|i=1, 2, \cdots, I\}$，$C_i$是指第I类产品特性；假设某位用户$t_j$，对$C_i$产品特性的满意度评价为$(x_{ij}, y_{ij}, z_{ij})$，$x_{ij}$为不满足产品特性$C_i$

时，用户 t_j 的满意度，y_{ij} 为满足产品特性 C_i 时，用户 t_j 的满意度，z_{ij} 为用户 t_j 所认为的产品特性 C_i 的重要度；定义 X_i，Y_i 分别为满足及不满足产品特性 C_i 时用户的平均满意度，计算式为 $X_i = 1/J \sum_{j=1}^{J} z_{ij} x_{ij}$ 以及 $Y_i = 1/J \sum_{j=1}^{J} z_{ij} y_{ij}$。如图3-6所示，产品特性 C_i 可以描述为函数 $c_j \sim \vec{r_1} \equiv (r_j, a_j)$，其中 $r_j = |\vec{r_1}| = \sqrt{X_j^2 + Y_j^2}$（$0 \leq r_j \leq \sqrt{2}$）称为Kano重要度指标，是区分需求重要程度的关键指标。回收Kano调研问卷后依据表3-4及表3-5对各产品特性 C_i 的满意度标度和重要标度进行计算，可获得用户对特定需求的优先程度，从而更高效地指导设计推进。

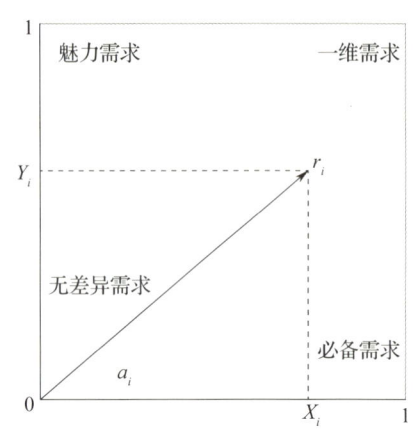

图3-6 用户满意程度函数

表3-4 产品特性的用户满意度指标

产品特征		喜欢	理所当然	无所谓	可以忍受	不喜欢
	满足该产品特征	1	0.5	0	−0.25	−0.5
	不满足该产品特征	−0.5	−0.25	0	0.5	1

表3-5 产品特性的用户重要度指标

不重要	有些重要	重要	很重要	非常重要
0~0.2	0.2~0.4	0.4~0.6	0.6~0.8	0.8~1

3.5 纯电动汽车的典型场景建立及描述

为满足纯电动汽车用户在用车过程中的多样化需求，本节将依据SRI场景分析模型构建纯电动汽车典型场景，以场景设定、体验需求、要素设定、布局设定四个步骤，对纯电动汽车的公务型、生活型以及娱乐型三类典型用车场景进行详细构建和描述。通过代入用户角色，挖掘用户体验期待与产品实际体验的落差，并总结设计需求，为后续场景使用章节中设计细化及设计优化步骤做铺垫。

1. 公务型出行场景建立

（1）场景设定

公务型出行活动是人们作为社会成员普遍需要参与的出行活动，主要包括成年人上下班的通勤出行活动、因公务需要进行的短途出差活动以及学生上下学的出行活动等形式。其中，上下班通勤活动是最具代表性的公务型出行活动类型。因此，本节将依据上下班通勤活动的出行特征，探索并设定公务型出行场景的基础背景信息。

目前，国内学者对通勤出行活动已有相对明确的定义，刘定惠等认为通勤出行活动的本质是人们在居住地点与工作地点之间的位置移动。刘望保等认为正是由于居住地点与工作地点的空间分隔才导致通勤出行活动的产生，而作为维持个体社会关系的重要出行活动，上下班通勤也被认为是其他出行活动的基础。伴随着城市公共道路等基础设施的不断完善，人们的出行范围逐渐扩大，通勤出行活动的特征也日益显著。如图3-7所示，通勤出行活动普遍集中于固定的区域以及早、晚高峰时段内，在特定的高峰时段内出现高强度的出行活动，其中早高峰一般集中在早上7:00—9:00之间，晚高峰一般集中在下午17:00—19:00之间。然而，通勤出行活动强度高、持续时间长的特征，为城市带来了拥

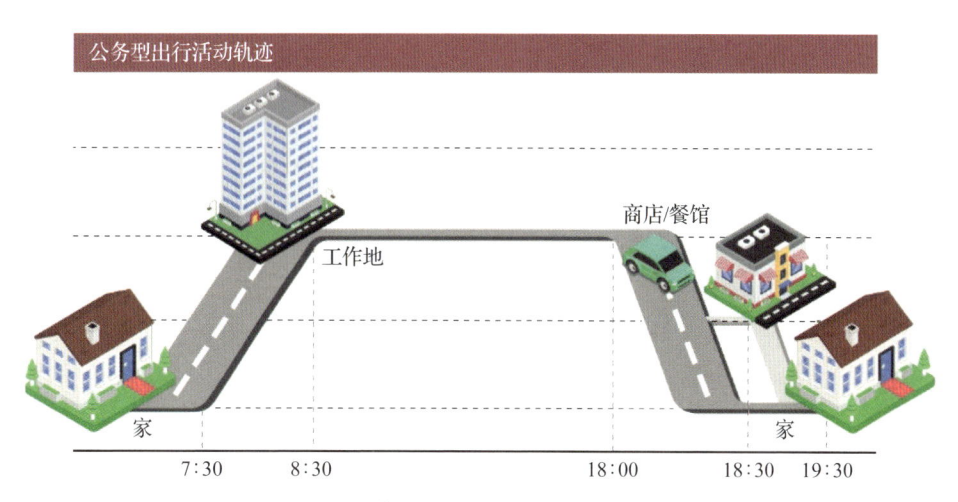

图3-7　公务型出行场景下的用户出行轨迹

堵的交通问题。对大部分城市居民而言，每天需要在通勤活动中花费2~3小时，为生活和工作带来了一定的不便。据2002年诺贝尔经济学奖获得者、美国普林斯顿大学、理学和公共事务教授Daniel Kahneman研究发现，大量的通勤时间消耗不仅影响人们的生活，还逐渐消磨幸福感，甚至影响人们的精神状态及身体健康状态。因此，通勤出行活动还被认为是令人厌恶以及不受欢迎的出行活动之一。但截至目前为止，通勤出行活动仍然是人们生活中的重要组成部分之一。因此，为更有效地缓解人们对通勤出行活动的负面情绪，研究将依据通勤出行活动的特征及轨迹，建立公务型出行场景下的典型用户模型及场景剧本，对场景的本质问题进行深挖，并提出更具现实意义的设计方案。

（2）体验需求

前文体验需求策略部分提到，体验需求步骤的核心是挖掘用户对纯电动汽车内饰的诉求与期待，为寻找创新方向提供支撑。因此，本节以公务型出行活动，尤其是人们的上下班通勤活动作为主要用车场景，结合实地调研的限制因素对目标用户群体进行筛选。最终确定在公务型出行场景下的两位线下目标访谈用户，分别为从事纯电动汽车行业相关工作的造型工程师刘先生以及结构工程师李先生。通过两次线下访谈后，得到两份以公务型出行为主要出行活动的访谈记录。如图3-8所示，基于AEIOU分析框架中活动项目对调研刘先生的访谈记录进行分类整理，并筛选得到刘先生的访谈记录中，关于他的A1~A5共五类公务型出行场景下的主要用车活动，总结每项活动中的环境、交互、产品以及用户信息，并根据活动发生的频率及重要性进行活动等级排序，以挖掘公务型出行场景的现存问题。

1）在驾驶特斯拉Model 3进行通勤活动时，使用怀档进行换档操作能为用户带来更新颖的使用体验。

2）使用特斯拉Model 3的车载地图进行导航活动时，其智能路线规划功能为用户带来更便利的驾乘体验，使用户可以更专注于驾驶活动。

3）自动驾驶功能对大部分购买纯电动汽车的用户而言具有一定的吸引力，但由于当前该功能使用的局限性和不确定性，仍然让很多用户对其持有怀疑态度，通常只会在慢速或路况简单的情况下使用。

4）纯电动汽车与智能设备的物联网属性是吸引用户的重要因素之一，通过随身的智能设备即可对汽车进行一系列的控制，满足用户对智能生活的需求。

基于上述从对刘先生的访谈记录中获取的公务型出行场景问题，尝试挖掘

第3章 基于 SRI 场景分析模型的典型场景分析策略

访谈时间：2020/09/28	访谈地点：广汽研究院	访谈对象：工程师刘先生		对象背景信息：35 岁 / 三口之家 / 驾驶特斯拉 Model 3			
AEIOU 分析						
活动	环境	交互	物件	用户	活动等级
A1：刘先生在驾驶 Model 3 时进行汽车换档操作	Model 3 车内驾驶过程中	刘先生通过方向盘后的变速杆对 Model 3 进行换档操作	Model 3 方向盘 /Model 3 变速杆	刘先生	●●○○○
A2：刘先生起动汽车准备前往目的地	Model 3 车内驾驶准备中	刘先生通过中控屏幕输入目的地址，屏幕反馈路线详情，并预测车辆当前电量可用里程以及途经的充电桩	Model 3 中控屏幕 / 刘先生的智能手机	刘先生	●●●○○
A3：刘先生在驾驶过程中听音乐	Model 3 车内驾驶过程中	刘先生通过触摸中控屏幕打开车载音乐 App，选择歌曲进行播放，并通过中控屏幕调整音源位置以及车内氛围灯光效，通过方向盘按键调节音量以及歌曲播放顺序	Model 3 中控屏幕 /Model 3 方向盘按键 / 音响系统	刘先生	●●●○○
A4：刘先生在通勤路上启动自动驾驶功能	Model 3 车内、拥堵或红色交通信号灯前	刘先生通过触摸中控屏幕对自动驾驶属性进行设置，将变速杆向下拨动两次启动自动驾驶功能，并用手扶托方向盘下端	Model 3 中控屏幕 /Model 3 变速杆	刘先生	●●●●○
A5：刘先生通过手机远程启动空调	下班前往停车场的路上	刘先生打开智能手机上的特斯拉 App，等待 10~20 秒的缓冲时间后点击启动汽车空调	刘先生的智能手机	刘先生	●●●●○

场景问题发掘

1. 怀档式变速杆设计为用户带来更新颖的体验
2. 特斯拉的智能路线规划能为用户提供了更便利的驾乘体验，令用户可以更专注于驾驶活动
3. 以中控屏幕为主的智能交互设备可以令用户的操作区域更加集中，汽车的大部分功能都能在中控屏幕上操作实现
4. 自动驾驶功能对大部分购买纯电动汽车的用户来说具有一定的吸引力，但由于当前自动驾驶功能使用的局限性和不确定性，仍然让纯电动汽车用户对其持有怀疑态度，一般只会在慢速或路况简单的情况下使用
5. 纯电动汽车与智能设备的物联网属性也是吸引用户的重要因素之一，通过随身的智能设备即可对汽车进行一系列的控制，满足用户对智能生活的需求

潜在需求设计点

1. 以怀档为例的非常规汽车操作方式对用户具有一定的吸引力，在内饰设计上需要为用户考虑，提供更有趣、更特别的操作体验
2. 纯电动汽车用户普遍向往智能的生活方式，在内饰设计上应该尝试引入更多科技属性
3. 纯电动汽车用户更倾向于集中的功能操作方式，但内饰设计上的形式不应该仅限于中控屏幕
4. 自动或辅助驾驶是纯电动汽车相当重要的属性之一，相信不远的未来，更高自动化等级、更可靠的智能驾驶功能将会面世，因此必须在纯电动汽车的内饰设计上考虑自动驾驶所带来的设计可能性
5. 在信息时代的背景下，人们的智能设备间的交互连接属性必然会增强，而智能互联也是纯电动汽车当前的本质属性之一。尤其是伴随着 5G 技术的面世，纯电动汽车与用户间的联系越来越紧密，因此，在设计上考虑用户与纯电动汽车更高层次的智能交互也是相当重要的设计需求点

图 3-8 基于 AEIOU 分析框架的访谈调研分析一

其潜在需求点。

1）以怀档为例的非常规汽车操作方式对用户具有一定的吸引力，在纯电动汽车的内饰设计上或需为用户引入更有趣、更特别的操作体验方式。

2）以特斯拉 Model 3 为例的纯电动汽车用户普遍向往智能化的生活方式，在内饰设计上应该尝试引入更多富有科技属性的设计特征。

3）纯电动汽车用户普遍更倾向于集中的功能操作方式，但内饰设计形式不应该仅限于控制中控屏幕。

4）自动驾驶是纯电动汽车非常重要的属性之一，而随着技术不断发展，不

远的未来，更高自动化等级、更可靠的自动驾驶功能将会面世。因此需要在纯电动汽车的内饰设计过程中考虑自动驾驶所带来的设计可能性。例如，用户将不再被局限在驾驶座上，内饰设计可实现更有趣的VR、AR等娱乐功能。

5）在信息时代的背景下，人们的智能设备间的交互连接属性必然会增强，而智能互联也是纯电动汽车的本质属性之一。尤其是伴随着5G技术的面世，纯电动汽车与用户间的联系也将越来越紧密。因此，在设计上还需要考虑用户与纯电动汽车更高层次的智能交互。

如图3-9所示，基于AEIOU分析框架对李先生的纯电动汽车访谈记录进行分类整理，通过筛选得到李先生的A1~A7共七类公务型出行场景下的主要用车活动，整理总结出该场景下的现存问题。

1）纯电动汽车用户在公务型出行场景下的车内活动或娱乐形式相对单一，主要以收听音乐或广播电台为主，难以满足用户长时间的用车需求。

2）纯电动汽车的内饰空间呈现智能化发展趋势，但目前尚不能满足用户在较长通勤时间内的办公或其他私人需求，用户仍需要借助于随身智能设备。

3）目前大部分纯电动汽车对驾驶人驾驶状态的监测原理属于眼动追踪，容易被太阳镜或其他物品影响。

4）目前纯电动汽车的内饰布局形式相对传统，储物空间的布局与传统燃油汽车相似，缺乏差异性。

5）语音交互能力作为纯电动汽车智能交互的重要方式之一，在实际用车体验中智能化程度仍有待提高。

6）智能触控屏幕的交互逻辑复杂，与用户日常操作习惯不符，容易造成用户的困惑。

基于工程师刘先生的访谈调研，分析得出其潜在需求设计点：

1）在纯电动汽车内饰设计过程中，首先可以从内饰空间布局出发，打破原有基本结构对空间布局的限制，从而提升用户车内行为的丰富度及自由度。

2）车机系统未来可能作为纯电动汽车的主要操作系统，还需要考虑到更多的用户需求因素，而不是仅仅作为一个信息显示系统。

3）在移动互联网高速发展的背景下，纯电动汽车的内饰设计或可引入针对驾驶人表情、动作等的能更准确判断驾驶人驾驶状态的监测方式。

4）考虑到纯电动汽车空间布局自由度的提升，用户的随身物品或可有更丰富的存储方式。

第3章 基于SRI场景分析模型的典型场景分析策略

访谈时间：2020/09/28	访谈地点：广汽研究院	访谈对象：工程师李先生	对象背景信息：37岁／五口之家／驾驶广汽新能源 Aion LX			
AEIOU 分析						
活动	环境	交互	物件	用户	活动等级	
A1：李先生驾驶 Aion LX 通勤	Aion LX 车内驾驶过程中	李先生上车启动车机音乐系统，伴随着音乐／电台驾驶车辆	Aion LX 方向盘／Aion LX 中控屏幕／Aion LX 中控面板／Aion LX 座椅	李先生	●●●○○	
A2：李先生在通勤路上等待交通信号灯	Aion LX 车内，红色交通信号灯前	李先生在等待交通信号灯的过程中取出正在无线充电的智能手机，查看今天的工作安排	Aion LX 中控面板／李先生的智能手机	李先生	●●○○○	
A3：李先生深夜驾驶 Aion LX 回家	Aion LX 车内驾驶过程中	李先生通过操作方向盘控制 Aion LX，方向盘上的驾驶人提醒系统会检测驾驶人驾驶状态，并以语音方式进行提醒	Aion LX 方向盘	李先生	●●○○○	
A4：李先生进入 Aion LX 调节座椅坐姿	Aion LX 车内驾驶准备中	李先生通过座椅下方的电动控件调节座椅的位置，并手动调节腿托的位置	Aion LX 座椅电动控件／Aion LX 腿托	李先生	●●○○○	
A5：李先生进入 Aion LX 并放置随身物品	Aion LX 车内驾驶准备中	李先生进入车内，将随身的智能手机放置到无线充电板上，将随身的物品放置到中控扶手箱内	Aion LX 中控面板／Aion LX 中控扶手箱	李先生	●●○○○	
A6：李先生通过车机播放音乐	Aion LX 车内驾驶过程中	李先生呼叫"你好，北鼻"唤醒 ADiGo 车机系统，呼叫"播放音乐"，车机系统开始播放音乐	Aion LX 车机系统	李先生	●●●○○	
A7：李先生进行停车操作	Aion LX 车内停车过程中	李先生切换档位至 R 档，车机屏幕显示 360 度全景影像，李先生触摸屏幕滑动观看车身周围障碍物	Aion LX 换档旋钮／Aion LX 中控屏幕	李先生	●●○○○	

场景问题发掘

1. 纯电动汽车用户在通勤场景下的活动或娱乐形式相对单一，难以满足用户的多维度需求
2. 纯电动汽车内饰设计存在智能化的发展趋势，但目前仍无法满足用户在长通勤时间内的办公或其他私人需求，用户还需要借助于其他智能设备
3. 纯电动汽车对驾驶员驾驶状态的监测类似刷动追踪形式，容易被太阳眼镜等物品影响监测准确度
4. 目前纯电动汽车内饰布局相对传统，储物空间的布置也与传统燃油汽车缺乏差异性
5. 语音交互能力作为纯电动汽车智能交互的重要方式之一，目前智能化程度仍有待提高
6. 智能触控屏幕的交互逻辑复杂，与用户的日常操作习惯不符

潜在需求设计点

1. 在纯电动汽车内饰设计过程中，首先可以从空间布局出发，打破原有的仪表板、中控等要素带来的活动限制，以提升用户车内行为的丰富度和自由度
2. 车机系统未来可能为纯电动汽车的主要操作系统，需要考虑到更多的用户需求，而不是仅仅作为一个信息显示系统
3. 在移动互联网高速发展的前提下或可引入针对驾驶人表情、动作等的更准确的驾驶人监测方式及标准
4. 考虑到纯电动汽车空间布局自由度的提升，用户的随身物品或可以有更有趣的储存方式
5. 以触控屏幕为主的纯电动汽车交互形式必须在设计过程中考虑用户的操作习惯，甚至实现用户个性化定制操作逻辑等功能

图3-9 基于AEIOU分析框架的访谈调研分析二

5）以触控屏幕为主的纯电动汽车交互形式必须在设计过程中更多考虑用户操作习惯，甚至实现用户个性化定制操作逻辑等功能。

基于上述定性调研结果，公务型出行场景的定量调研以问卷形式进行，线下部分问卷主要发放于广州广汽传祺新能源第一体验中心及周边区域，线上部分问卷发放于两个纯电动汽车车友群与纯电动汽车资讯群，部分来自访谈调研用户所提供的车友。最后共收回以公务型出行活动为主要用车场景的有效问卷64份。如图3-10、图3-11和图3-12所示，以公务型活动为主要出行形式的用

079

户人群年龄大部分分布在 25~45 岁的区间内，以男性白领及蓝领职工为主。他们在日常生活中更倾向于经济实惠以及功能导向型产品。因此，纯电动汽车的政策优惠以及价格优惠对其购车动机影响较大。另外，他们对纯电动汽车的节能环保属性以及新鲜感并不特别感兴趣。

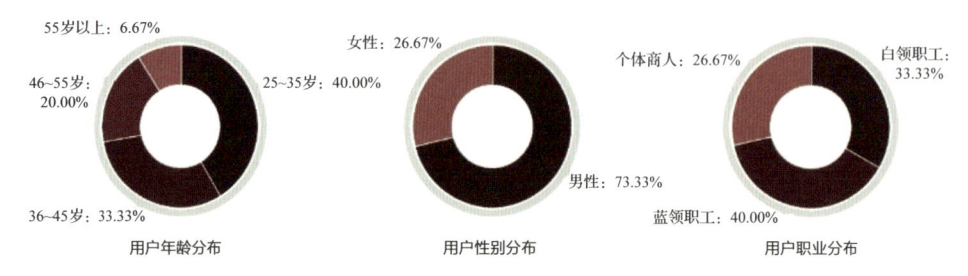

图 3-10　基于公务型出行场景的用户个人信息调研

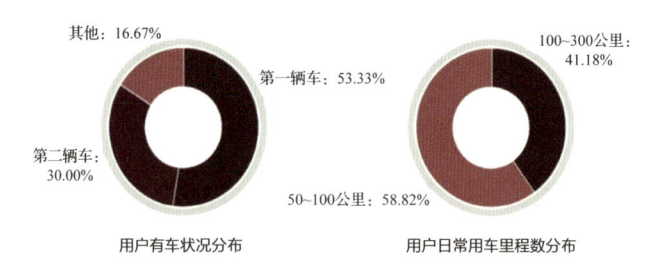

图 3-11　基于公务型出行场景的用车状况信息调研

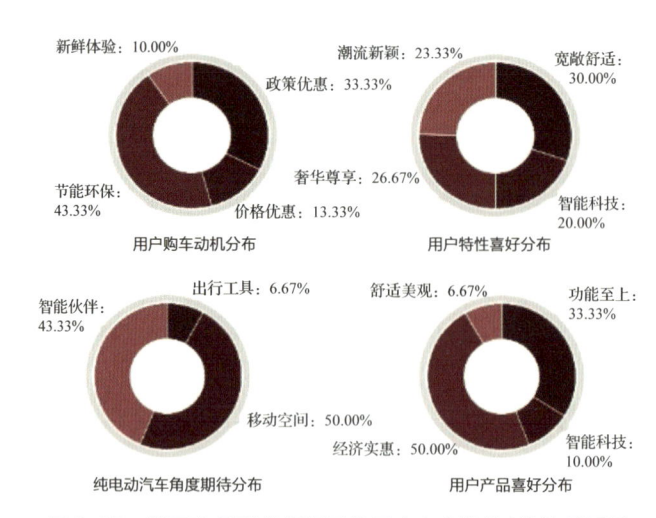

图 3-12　基于公务型出行场景的用户个人性格/价值观调研

在公务型出行场景下，用户对纯电动汽车各方面的特征喜好表现相对平均，其中对智能互联及空间宽敞的需求相对显著。研究表明，在该场景下的用户更偏好于具有智能属性的纯电动汽车，期望纯电动汽车可以独立处理一些驾驶过程中出现的简单问题。更宽敞的车内空间有利于减轻用户在长时间通勤过程中的焦虑。另外，研究发现，大部分用户在公务型出行场景下更偏好具有科技感的内饰造型风格。因此，结合上述用户内饰特征喜好调研结果，在公务型出行场景下，纯电动汽车用户普遍具有追求智能科技类属性的性格特征。同时，大部分用户也希望未来纯电动汽车能成为自己的智能伙伴。

2. 生活型出行场景建立

（1）场景设定

生活型出行活动是人们出行活动中非常重要的形式之一，人们为了满足自身的生活需求就需要参与日常生活型出行活动。生活型出行活动最具代表性的活动形式是日常购物出行。

消费行为学研究指出，目前人们的购物类型主要有食品类、日用品类、服饰类以及家电类等，当人们购买不同类型的商品时，其购物出行活动的特征也各有不同。如图3-13所示，当人们购买食品类商品时，出行距离较短，一般会选择距离居住地较近的市场或小型超级市场，在时间上主要集中于晚间下班时段后。当人们购买日用品类商品时，出行半径会增大，购物地点通常为距离居住地有一定距离的大型超级市场，此类型购物活动在时间上相对自由，主要分布于节假日。当人们购买服饰或家电等具有高价值的商品时，出行距离相对较

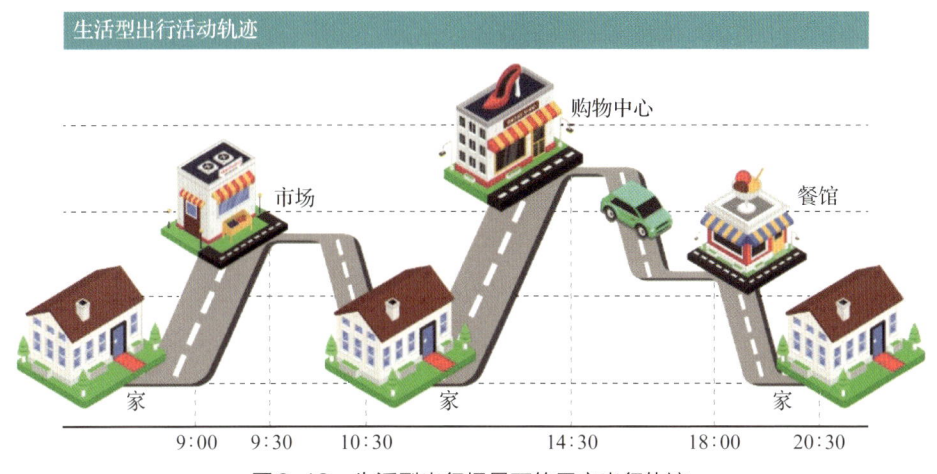

图3-13　生活型出行场景下的用户出行轨迹

远，购物地点通常为城市中心的商业区，在时间上集中于周末、节假日等休息时段。从以上三种不同的购物类型中可以发现，人们在节假日进行购物出行活动的频率更高，且通常集中于节假日的下午，形成明显的购物出行高峰时段。另外，购物出行活动在活动轨迹上与其他出行活动存在较高的关联性和伴随性。例如，购物出行活动也会发生在通勤出行活动过程中，尤其常见于人们晚间下班时段。

目前，女性仍是购物出行用户中的主体，也是家庭中负责购物的主体，承担了多种类型的商品的购置活动，如食品、日用品、服饰等，而男性则主要承担家电等大型商品的购置活动，购物类型相对简单，出行次数较少。但男性目前作为购物出行的主体，出行频次正在逐渐增加，主要表现为陪同性的出行活动。另外，在脱离工作环境后，中老年人的生活习惯会产生明显的变化，以购物为主的生活型出行活动频次也会显著提高，但由于其身体素质的下降，出行距离通常较短，购物类型也以食品和日用品等体量较小的商品为主。同时，中老年群体在时间支配上相对自由，进行购物出行活动的时段也具有高度随机性及不统一性。基于上述研究分析可以发现，购物出行场景下的主要用户以及用户出行特征与通勤出行场景下的对应特征存在显著区别。因此，要依据多场景体验进行纯电动汽车内饰设计，有必要针对购物出行场景下的需求设计点进行深度挖掘。

（2）体验需求

下面以生活型出行场景为依据，选定两位该场景下的目标访谈用户，分别为纯电动汽车销售人员王小姐和纯电动汽车车主张女士。通过进行线下访谈及记录后，得到两份以生活型出行活动为主要场景的访谈记录。图3-14所示为基于AEIOU分析框架对王小姐的调研访谈记录的整理结果。通过对线下访谈中王小姐本人提及的用车活动进行提炼，并深入了解每项用车活动背后的环境、产品、用户及交互等信息，为王小姐总结出A1~A5共五类生活出行活动，并在这五类活动中发掘出生活型出行场景问题。

1）针对王小姐的用车案例，发现以五菱宏光miniEV为例的微型纯电动汽车多为双门车型，其车门的面积和重量相较于一般的车型更大更重，对部分用户尤其女性用户的使用容易造成不便，甚至容易发生剐蹭、碰撞等安全问题。

2）由于用户的购物行为通常存在多样性，又因其多样性而带来不确定性因素，加之不同的购物类型也需要不同类型的载体，得出结论为目前纯电动汽车

第 3 章 基于 SRI 场景分析模型的典型场景分析策略

访谈时间：2020/09/27　访谈地点：广汽新能源第一体验中心　访谈对象：销售人员王小姐　对象背景信息：32 岁 / 三口之家 / 驾驶宏光 miniEV

AEIOU 分析

活动	环境	交互	物件	用户	活动等级
A1：王小姐购物结束准备回到车内	某水产市场周边停车场	王小姐提着购买的生鲜菜品，通过车门拉手拉开车门	宏光 miniEV 车门拉手	车主王小姐	●●●●○
A2：王小姐准备将购买的生鲜放到车上	宏光 miniEV 车内	王小姐进入车内，把购买的部分带水的物品先放到地板上，然后将部分易碎的物品放到副驾驶座椅上	宏光 miniEV 座椅	车主王小姐	●●●○○
A3：王小姐购买了大件的日用品，准备放到车上	某超级市场地下停车场	王小姐首先打开行李舱门，把后排座椅放倒，然后将大件物品调整角度放入车内	宏光 miniEV 后排座椅 / 宏光 miniEV 行李舱门	车主王小姐	●●○○○
A4：王小姐接送孩子	宏光 miniEV 车内	王小姐提前调节副驾驶座椅的位置，在接到孩子后将孩子的书包等大件随身物品转身放到后排座椅上	宏光 miniEV 副驾座椅 / 宏光 miniEV 后排座椅	车主王小姐及其孩子	●●●○○
A5：王小姐结束购物驾车回家	宏光 miniEV 车内，驾驶过程中	由于宏光 miniEV 没有配置能与智能设备连接的车机，王小姐调节收音机旋钮、收听广播电台节目。在等待交通信号灯时，王小姐将手臂放在门板扶手上休息	宏光 miniEV 实体旋钮 / 宏光 miniEV 车门扶手	车主王小姐	●●●●○

场景问题发掘

1. 宏光 miniEV 作为一款双门车型，车门的面积和重量都较大，部分用户在使用时可能会造成不便，甚至产生危险
2. 不同用户通过购物行为所获得的物品存在差异，而车内单一类型的储物空间并不能满足多种需要
3. 用户购买物品的尺寸等因素容易被车内储物空间所限制
4. 较大、较重的车门不方便孩子使用，而为了使用后排空间而放倒前排座椅也是难度较高的操作
5. 由于宏光 miniEV 的目标用户广泛，因此其内饰仅保留了最基础的功能配置，缺乏对用户舒适驾乘体验的关怀

潜在需求设计点

1. 未来纯电动汽车的进入方式可以区别于传统燃油汽车，例如以电控方式来打开车门，在使用上也能给用户带来更有趣的体验和更高的便利性
2. 从丰富储物空间类型的角度而言，未来纯电动汽车的布局形式也不应该局限于传统的前后排布局，更丰富的布局形式能拓展出更自由的储物形式
3. 为了应对该出行场景下多变的储物需求，未来纯电动汽车的内部空间应该具有可变属性
4. 该场景下的主要用户为女性、孩童或老年人，在内饰设计上需要考虑到他们的实际使用情况，为他们的使用提供便利
5. 用户在以购物出行为主的短途驾驶过程中对舒适和娱乐性功能的需求仍然较高，在设计上应该更注重舒适和娱乐功能的配置

图 3-14　基于 AEIOU 分析框架的访谈调研分析三

内简单的储物格、网兜等储物形式，难以满足实际购物储物需要。

3）当用户购买大件的日用品或家具时，往往难以充分利用车内的储物空间。以五菱宏光 miniEV 为例，由于其行李舱门开口面积较小，面对大件的物品，用户需要多次调整放置角度，或对物品进行拆卸后才能放好。

4）较大的车门不便于孩子使用，同时由于双门四座的布局，要使用后排的空间必须先把前排座椅放倒，对孩子而言也是难度较高的操作，会导致孩子的实际操作成本被转嫁到父母等长辈身上。

5）由于宏光 miniEV 的受众范围较广且定位为微型车，因此其在内饰设计上仅保留了最基础的功能性配置，缺乏对用户舒适驾乘体验的关怀。

针对王小姐的纯电动汽车访谈记录所提炼的场景问题以及生活型出行活动

083

场景的设计背景，总结需求设计点。

1）未来纯电动汽车的进入方式可以区别于传统燃油汽车，例如以电控方式打开车门，在使用上能够带给用户新颖的体验以及便利性。

2）从丰富储物空间类型的角度而言，未来纯电动汽车的布局形式不应局限于传统前后排布局，更丰富的布局形式也可以拓展出更自由的储物形式。

3）为了应对该场景下多变的储物需求，未来纯电动汽车的内饰空间应该具有可变属性，对座椅或中控台等较大的部件进行折叠变形，能够进一步增加其空间利用率。

4）由于在该场景下的主要用户是女性、孩童或老年人，其身体素质一般比成年男性差，因此内饰设计要考虑其实际使用情况，为其使用提供便利。

5）在以购物出行为主的生活型出行活动场景中，用户对纯电动汽车在短途行驶中的舒适和娱乐性功能需求仍较高，且对驾驶属性的需求较低，因此在针对该场景的内饰设计上应该更注重舒适和娱乐功能的配置。

图3-15所示为基于AEIOU分析框架对张女士的调研访谈记录的整理结果。通过对线下访谈记录提炼及深入了解，为张女士总结出A1~A5共五类生活出行活动，并在上述五类活动中再次发掘出生活型出行场景问题。

1）目前大部分纯电动汽车内饰的人机布置主要以成年男性的身形体态作为标准，基于该设计标准产出的纯电动汽车可能对女性或中老年用户的使用造成不便。

2）在张女士的调研访谈记录案例中，张女士驾驶纯电动汽车进行正常的出行活动，但由于不了解智能手机的操作方式，出行范围受到一定程度的限制。

3）中老年人由于身体素质下降，导致在驾驶过程中应对复杂路况的能力下降，城市中心区域复杂多变的路况，容易对中老年驾驶人的驾驶过程造成一定的心理压力。

针对张女士的纯电动汽车访谈记录所提炼的三类场景问题以及生活型出行活动场景的设计背景，总结需求设计点。

1）通过对纯电动汽车的用车场景进行研究分析，可以发现在生活型出行活动场景中的用户以女性和中老年人为主，而他们的身材比例以及身体素质等特征与成年男性有着较大的区别。因此，在设计针对生活型出行场景的内饰时，应重点考虑主要用户的特性与需求，而不仅仅是遵循标准的人机规范。

2）中老年人退休离开工作环境后，与社会的脱节程度会不可避免地增加，

AEIOU 分析

	活动	环境	交互	物件	用户	活动等级

访谈时间：2020/10/03　　访谈地点：江门市新会区会城城区　　访谈对象：车主张女士　　对象背景信息：56 岁 / 五口之家 / 驾驶知豆 D2S

	活动	环境	交互	物件	用户	活动等级
A1	张女士晨练结束后准备驾驶知豆 D2S 前往超级市场	张女士居住的小区停车场中	张女士打开车门进入车内，用车钥匙起动，系好安全带后轻踩加速踏板开始行驶	知豆 D2S 车门拉手 / 车钥匙 / 方向盘 / 加速踏板	车主张女士	●●●○○
A2	张女士驾驶知豆 D2S 前往超级市场	知豆 D2S 车内，前往超级市场的途中	张女士正常驾驶车辆，在交通信号灯前等待时调整座椅姿态	知豆 D2S 座椅调节把手	车主张女士	●●●○○
A3	张女士结束购物后返回知豆 D2S	某超级市场地下停车场中	张女士推着购物车到达知豆 D2S 附近，打开行李舱门，把购买的商品放到行李舱中，并把易碎的商品单独放到储物网兜中	知豆 D2S 行李舱门 / 行李舱	车主张女士	●●●○○
A4	张女士结束购物后驾驶知豆 D2S 准备离开超级市场	知豆 D2S 车内，某超级市场停车场中	张女士深踩加速踏板，驾驶知豆 D2S 驶上地下停车场出口的斜坡。出口缴费时，保安告知张女士需要扫码支付，但张女士不了解智能手机的操作方式，只好与保安人员协商解决	知豆 D2S 方向盘 / 加速踏板 / 张女士的智能手机	车主张女士	●●○○○
A5	张女士驾驶知豆 D2S 前往市区医院检查身体	知豆 D2S 车内，前往市区医院的途中	张女士集中精神注意路面的情况，时刻准备着调整自己的驾驶状态，双手紧握方向盘，右脚在加速踏板与制动踏板间来回切换	知豆 D2S 方向盘 / 转向灯控制杆 / 加速和制动踏板	车主张女士	●○○○○

场景问题发掘

1. 目前大部分纯电动汽车内饰的人机布置以成年男性的身形体态为标准，可能会对女性或中老年用户的使用造成不便
2. 张女士驾驶纯电动汽车进行正常的出行活动，因为不了解智能手机的操作方式，导致出行活动中的不便
3. 中老年人由于身体素质下降，导致在驾驶过程中应对复杂路况的能力下降，因此复杂路况容易增大中老年驾驶人的心理压力

潜在需求设计点

1. 在设计针对生活型出行活动场景的内饰时，应当重点考虑主要用户的特性与需求，而不仅仅是遵循标准的人机规范
2. 未来纯电动汽车需要转变传统的设计角度，将视角从针对汽车产品本身拓展至用户用车全流程的闭环体验，为中老年用户的使用提供更多便利
3. 生活型出行活动场景与城市的配套设施有着密切的联系，因此需要在内饰设计过程中充分考虑与周边设施的配合，才能实现纯电动汽车未来更理想的使用场景
4. 大部分中老年用户更看重纯电动汽车在行驶或乘坐过程中的安全性以及舒适体验，因此，高等级自动驾驶功能的引入或将令中老年用户的出行活动更轻松自如

图 3-15　基于 AEIOU 分析框架的访谈调研分析四

前瞻技术对他们而言会显得陌生甚至难以适应。因此，未来纯电动汽车需要转变传统的设计角度，将视角从针对汽车产品本身拓展至用户用车全流程的闭环体验，为中老年用户的使用提供更多便利。

3）以购物出行为主的生活型出行活动与城市的周边配套设施有着密切联系。因此，需要在内饰设计过程中充分考虑汽车与用户及周边设施的配合，才能实现纯电动汽车更具人性化的使用场景。

4）大部分中老年用户并不追求纯电动汽车的驾驶属性，他们更看重纯电动汽车在行驶或乘坐过程中的安全性及舒适体验。因此，高等级自动驾驶功能的引入，将使中老年用户的出行活动更轻松自如。

如图 3-16、图 3-17 和图 3-18 所示，共收回并筛选出生活型出行场景有效问卷 44 份。以生活型出行为主要场景的用户年龄，主要分布于 25~35 岁以及 46~55

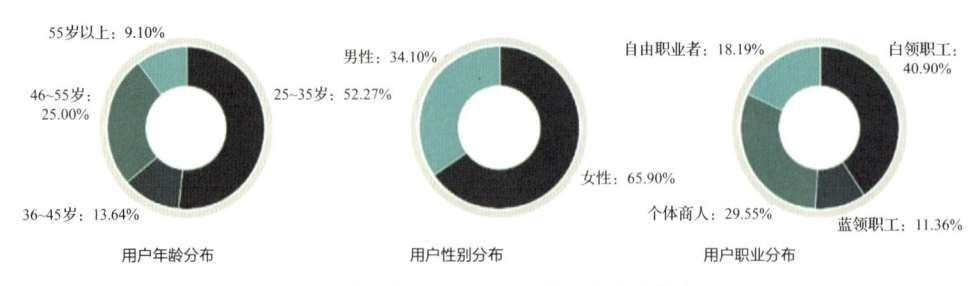

图 3-16　基于生活型出行场景的用户个人信息调研

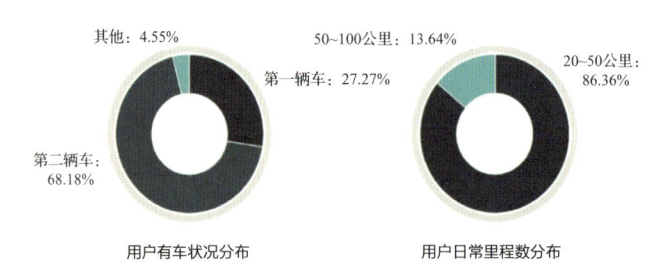

用户年龄分布：55岁以上 9.10%；46~55岁 25.00%；36~45岁 13.64%；25~35岁 52.27%

用户性别分布：男性 34.10%；女性 65.90%

用户职业分布：自由职业者 18.19%；白领职工 40.90%；蓝领职工 11.36%；个体商人 29.55%

图 3-17　基于生活型出行场景的用车状况信息调研

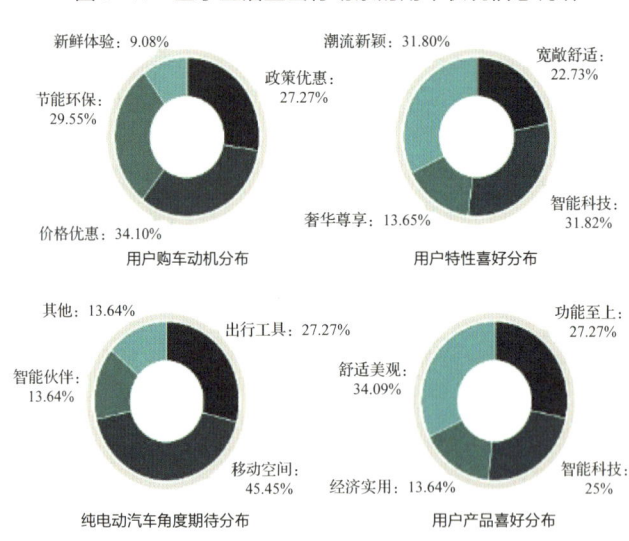

用户有车状况分布：其他 4.55%；第一辆车 27.27%；第二辆车 68.18%

用户日常里程数分布：50~100公里 13.64%；20~50公里 86.36%

图 3-18　基于生活型出行场景的用户个人性格/价值观调研

用户购车动机分布：新鲜体验 9.08%；节能环保 29.55%；价格优惠 34.10%；政策优惠 27.27%

用户特性喜好分布：潮流新颖 31.80%；宽敞舒适 22.73%；智能科技 31.82%；奢华尊享 13.65%

纯电动汽车角度期待分布：其他 13.64%；出行工具 27.27%；智能伙伴 13.64%；移动空间 45.45%

用户产品喜好分布：功能至上 27.27%；舒适美观 34.09%；经济实用 13.64%；智能科技 25%

岁两个区间，两个年龄段分布跨度较大。其中25~35岁区间对应的是初毕业或初踏入社会的年轻用户群体，而46~55岁区间对应即将步入退休生活的中老年用户群体。而在用户的性别分布上以女性为主，占有效调研数据的65.90%。调研用户中购买纯电动汽车作为家庭的第二台车的占比较高，而他们的职业以白领职工及个体商人为主，但值得关注的是，自由职业者的占比也达到了18.19%。通过数据分析还可得出，调研用户在日常生活中倾向于基本功能完善且造型美观的产品，而在纯电动汽车的购车动机上更倾向于节能环保属性。因此，该场景下的调研用户普遍对产品的附加价值有更高层次的追求。调研数据还显示，受访者更愿意选择具有潮流新颖属性的内饰，并更期待未来纯电动汽车可以作为他们的私人移动空间，这也体现了该用户群体对私人空间多样性的向往。

3. 娱乐型出行场景建立

（1）场景设定

娱乐型出行活动是以满足人们情感需求为前提的自主出行活动，主要体现为人们普遍希望通过该类型出行活动获得快乐、愉悦的积极情绪，主要包括自驾游、探亲访友等活动，其中自驾游是娱乐型出行场景中的典型出行形式。因此，研究将着重讨论以自驾游形式为主的娱乐型出行活动。

目前，对自驾游出行的普遍定义是个人或团队出发前会制定出行计划，或对出行信息进行一定程度的了解，且以自驾汽车作为出行主要手段的旅游形式，也包括人们从居住的地点驾车前往规划好的地点，并且驾驶途中可以随时更改目的地，主要指进行与休闲娱乐相关的旅游行为与过程。近年来，随着经济不断发展，人们的生活水平与可支配收入也日益提高，结合企业休假制度的持续完善，越来越多的人有条件也有意愿与亲戚朋友自驾出游。当前国内道路交通系统的完善程度越来越高，逐渐打破了距离对人们出行类型的限制。因此，也使得自驾游的半径越来越大，出行轨迹亦逐渐发生变化，从短时间、近距离的出行拓展为长时间、远距离的出行，如图3-19所示。另外，近年来上映的众多自驾题材影视作品，从心理及生活上对人们的思维产生了潜移默化的影响。这种自由度极高且能够充分展现自身性格与调性的娱乐性出行方式，逐渐深入人们的思想。

据马蜂窝旅游网、赫兹国际租车、人民日报客户端旅游频道共同发布的《全球自驾游报告2019》统计，截至2018年年底，全国自驾游出行数量达到5.8亿人次，同比增幅达到了35.6%。而马蜂窝旅游网平台上关于"自驾游出行"的相关提问与搜索量也同比上升了39.2%，其中最高的日增速及增速峰值均出现于暑假期间。另外，根据该报告的调查，目前影响人们选择自驾游出行的因素主要有以下方面。

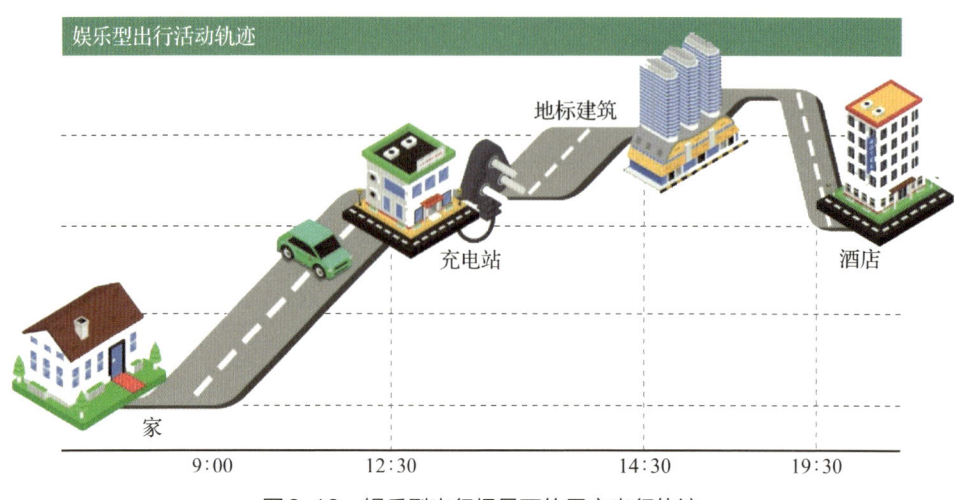

图3-19 娱乐型出行场景下的用户出行轨迹

1）用户的出行距离与时间。数据显示，100~300公里的出行距离及约4小时的驾驶时间是当前国内主流的自驾游出行距离及时间。从出行距离的角度看，目的地与用户居住地或出发地的距离越远，自驾游出行的成本越高，其中包括用户在自驾游中投入的金钱、时间以及驾驶精力等成本。而且，当人们花费过多的精力在驾驶行为上时，还会直接降低出行活动的体验质量。从出行时间的角度看，大部分亲子、家庭自驾游的出行时间约为4小时，这类中短途的自驾游活动对人们的闲暇时间占用较少，因此其频次也明显高于传统的长线自驾游活动。

2）用户的身体素质。一般情况下，自驾游出行途经的路况非常复杂。从市区的繁华道路到高速公路，再到各式各样的国道、县道，各路段的路况变化较大且一般难以预估，对驾驶人及乘客的身体素质有一定的要求。数据显示，当前20~35岁的"80后"及"90后"用户是选择自驾游出行的主力人群，随着年龄的逐渐增大，人们选择自驾游出行的比例也明显减少。

3）用户的经济条件。用户的经济条件对是否选择自驾游出行也起到一定的影响作用。数据显示，月收入在3万~5万元区间的用户选择自驾游出行的可能性达64%，月收入在1万~2万元区间的用户选择自驾游出行的可能性为50%，而月收入低于5000元的用户选择自驾游出行的可能性仅为40%。因此，可以发现，收入越高的用户选择自驾游出行的可能性越高，即用户的收入水平与选择自驾游出行的可能性，有着明显的线性关系。

4）低碳的出行理念。绿色环保是当今重要的设计流行理念。在低碳经济时代，人们的自驾游出行也将面临更高的要求。要实现出游经济的可持续发展，就必须改变传统的出游经济与出游环境独立发展的模式，重新建立两者和谐统一的低碳旅游模式，并改善人们自驾出游的环境，提高汽车的运用效率，同时提倡利用新能源汽车自驾游出行。

（2）体验需求

基于前文对娱乐型出行场景的设定分析，以下将着力对该出行活动场景进行更深入的用户需求调研。由于目前使用新能源乘用车以及房车进行自驾、露营旅行的人群规模日益增大，而新能源乘用车与房车虽同为新能源驱动形式，但两者的内部结构及体量差异较大。因此，以下专注于对新能源乘用车用户的调研。通过对线下目标调研用户的车型进行筛选，最终挑选两位纯电动乘用车车主，分别为从事模具营销的商人宋先生及软件工程师杨先生，通过对访谈记录进行初步整理后得到两份以娱乐型出行活动为主要场景的访谈记录。图3-20所示为基于AEIOU分析框架对宋先生的调研访谈记录的整理结果，为宋先生总结出A1~A5共五类娱乐出行活动，并在这五类活动中发掘出娱乐型出行场景问题点。

1）在线下访谈中，宋先生多次提及比亚迪宋proEV的中控屏幕，并对屏幕的实际使用及旋转功能表示满意与惊喜，认为该设计令自己的用车过程更便利，特殊的旋转结构也让枯燥的长时间驾驶活动变得更有趣。

2）在宋先生与家人自驾出行途中，宋先生需要专注于车辆的驾驶操作，难以与家人进行有效的沟通及互动。另外，受限于传统的前后双排布局形式，宋先生亦难以与乘坐在后排的家人进行互动。长时间的驾驶活动更会导致车内各乘员间的互动频率降低，影响娱乐型出行活动过程中的感情交流。

3）当宋先生一行人到达目的地附近时，宋先生仍需要花时间去检查车辆当前的剩余电量和续驶里程。如果在出行途中遇到突发事件，导致电量和续驶里程低于心理预期，宋先生还需要思考如何对额外的充电行为进行规划，从而影响事先制定的出行计划。可以发现，目前纯电动汽车的电量及续驶里程仍然是用户使用的痛点。

4）在宋先生一家自驾出行的过程中，出于对孩子乘坐安全的考虑，宋太太必须坐在汽车的后排以照看孩子，与宋先生之间的互动机会相对减少。

访谈时间：2020/10/31	访谈地点：云浮市云城区云城街道		访谈对象：车主宋先生	对象背景信息：36岁/三口之家/驾驶比亚迪宋proEV	

AEIOU 分析

	活动	环境	交互	物件	用户	活动等级
A1	宋先生与家人结束早餐准备出发	城区某饭店的户外停车场	宋先生与家人进入汽车，宋先生通过仪表检查汽车剩余电量，宋太太通过中控屏幕为宋先生设置导航	比亚迪宋proEV车门拉手/仪表屏幕/中控屏幕	车主宋先生及其家人	●●○○○
A2	宋先生与家人在前往目的地的路上	比亚迪宋proEV车内，前往目的地途中	宋先生正常驾驶车辆，宋太太在后排照看孩子，与孩子一起画画	比亚迪宋proEV方向盘/中控屏幕/前后排座椅/阅读灯/天窗	车主宋先生及其家人	●●●○○
A3	宋先生与家人到达目的地附近，准备吃午餐	目的地附近某饭店停车场	宋先生检查汽车的剩余电量，确定暂时无需充电	比亚迪宋proEV仪表屏幕/中控屏幕	车主宋先生及其家人	●●○○○
A4	宋太太驾驶汽车带着孩子到目的地城区自驾	比亚迪宋proEV车内，目的地城区繁忙路段	宋太太通过车载导航驾驶至目的地城区，寻找带有充电桩的停车场，停车开始充电后，与孩子到城区景点观光	比亚迪宋proEV中控屏幕/充电插口	车主宋太太及孩子	●●●○○
A5	宋先生完成出差事务，与家人会合后准备返程	比亚迪宋proEV车内	宋先生结束与供应商的交流后比较疲倦，因此，晚饭过后，由宋太太驾驶前半段路程，宋先生在后排休息。等到达高速公路的服务区后，再由宋先生驾驶后半段路程	比亚迪宋proEV方向盘/中控屏幕/前后排座椅	车主宋先生及其家人	●●●○○

场景问题发掘

1. 在线下访谈中，宋先生多次提及比亚迪宋proEV的中控屏幕，并对屏幕的实际使用及旋转功能表示满意与惊喜，认为该设计令自己的用车过程更便利
2. 宋先生需要专注于车辆的驾驶操作，难以与家人进行有效的沟通与互动；受限于传统的前后双排布局形式，宋先生亦难以与乘坐在后排的家人进行互动
3. 目前纯电动汽车的电量及续驶里程仍然是用户使用的痛点
4. 在宋先生一家自驾出行的过程中，出于对孩子乘坐安全的考虑，宋太太必须坐在汽车的后排以照看孩子，与宋先生之间的互动机会进一步下降
5. 在经历了长时间的驾驶和其他活动后，驾驶人的生理及心理容易疲倦，需要进行休息，或由其他用户来驾驶车辆，以保证行驶安全

潜在需求设计点

1. 通过宋先生的访谈案例可以发现，新颖有趣的使用方式能为用户带来更深刻的使用体验，并强化车辆与用户之间的情感联系
2. 未来纯电动汽车可配置更高等级的自动驾驶功能，根据驾驶人的实际需求或路况需求选择手动驾驶或自动驾驶
3. 未来纯电动汽车或需要打破现有前后排布局的限制，尤其是在以自驾游为主的娱乐型出行场景下，用户之间渴望更丰富的互动与交流
4. 当前用户对纯电动汽车的动力电池安全及续驶里程仍存在一定的顾虑。从内饰设计的角度看，可以以更醒目的提示形式告知用户车辆的剩余电量及续驶里程

图3-20 基于AEIOU分析框架的访谈调研分析五

5）在进行了长时间的驾驶活动后，驾驶人的生理及心理容易疲倦，需要进行休息，或由其他用户来驾驶车辆，以保证行驶安全。

基于以上五项对宋先生的访谈调研中发现的自驾出行场景问题，可发掘以下需求设计点。

1）通过宋先生的访谈案例可以发现，新颖有趣的使用方式能为车主带来更深刻的使用体验，并增加用户对车辆的记忆点。

2）未来纯电动汽车可以配置更高等级的自动驾驶功能，根据驾驶人的实际需求或路况需求，选择手动驾驶或者自动驾驶。

3）未来纯电动汽车或需要打破现有前后排布局的限制，尤其是在以自驾游为主的娱乐型出行场景下，用户间更渴望丰富的互动与交流。因此，该场景下

的内饰设计需要重新思考用户的特定用车需要,设计更富有人文关怀色彩的内饰空间。以宋先生一家的自驾出游为例,打破原有的内饰布局更有利于增进家人的互动,父母能有更多的机会与孩子交流,同时还能更好地保障孩子乘车时的安全。

4)当前用户对纯电动汽车的动力电池安全及续驶里程仍有一定的顾虑。从内饰设计的角度看,可以强化提示形式告知用户车辆的剩余电量及续驶里程。当剩余电量及续驶里程过低时,自动为用户规划充电路线,提升用户对纯电动汽车的信赖感。

图 3-21 所示为基于 AEIOU 分析框架对杨先生的调研访谈记录的整理结果。由于杨先生的私人原因未能在线下约见,因此,本次访谈采用线上访谈的形式与杨先生进行交流。通过对访谈信息进行提炼整理,为杨先生总结出 A1~A6 共六类出行活动,并在这六类活动中发掘出娱乐型出行场景问题点。

1)在纯电动汽车持续发展的背景下,智能手机 App 与车机的连接为广大车主提供了便利。由于目前大部分纯电动汽车仍受限于动力电池容量和续驶里程,用户出行前需要预先进行路线规划,并预估途中需要进行充电的节点。当智能手机 App 与纯电动汽车有更深度的互联时,用户便能通过智能手机将规划好的路线上传到车机系统中,使路线规划的过程更轻松便利。

2)当人们以家庭为单位进行自驾游出行活动时,需要携带大量的随身物品,这就要求纯电动汽车具备更宽敞的车内空间,以满足乘坐舒适性及行李放置的需求。

3)数据显示,短途自驾游出行的时长一般为 4 小时,在自驾途中,用户的活动空间限于座椅上,因此座椅的舒适性对用户而言非常重要。以蔚来 ES8 为例,它为副驾驶座椅增加了腿托、脚托以及加长滑轨等多个舒适性配置,让用户能在长时间乘坐中保持舒适的体验。

4)目前,纯电动汽车的内饰设计普遍采用集成的设计手法,将大部分的控制按键整合到触控屏幕上。集成简洁的设计能带给用户视觉上的舒适感受,但用户只能与无形的车机进行语音交互,缺乏设计上的情感互动元素。而蔚来 ES8 的 Nomi 语音助手则以一个能简单表达人类表情的物理硬件作为载体与用户进行交流,使整个交互过程更具温度。

5)续驶里程不足是大部分纯电动汽车用户顾虑的问题,虽然各大车企不断推出容量更大、续驶里程更长的纯电动汽车,但对比传统燃油汽车其优势仍不

访谈时间：2020/10/3	访谈形式：线上访谈	访谈对象：软件工程师杨先生		对象背景信息：39岁/四口之家/驾驶蔚来ES8	

AEIOU 分析

活动	环境	交互	物件	用户	活动等级
A1：杨先生出发前通过手机 App 规划路线	杨先生家，客厅内	杨先生打开手机蔚来 App，选择充电地图功能，输入驾驶参数、出发点及目的地位置后，App 智能规划出行驶路线、预计充电次数及最优充电桩位置	杨先生的智能手机	车主杨先生	●●○○○
A2：杨先生一家准备出发前往广西桂林	杨先生居住小区的停车场	杨先生通过钥匙为蔚来 ES8 解锁，太太和孩子分别乘坐副驾驶及后排，杨先生通过按键打开电动行李舱门，把家人的行李放到行李舱中	蔚来 ES8 机械钥匙/车门拉手/前后排座椅/行李舱门	车主杨先生及其家人	●○○○○
A3：杨太太在自驾途中体验蔚来 ES8 副驾座椅	蔚来 ES8 车内，前往桂林途中	杨太太通过调节座椅底座的按键，抬起腿托和脚托板，并稍稍放倒座椅靠背	蔚来 ES8 副驾驶座椅/按键/腿托/脚托	车主杨太太	●●●○○
A4：在自驾途中，杨先生的两个孩子在后排与 Nomi 互动	蔚来 ES8 车内，前往桂林途中	杨先生的两个孩子在后排通过语音指令唤醒语音助手，通过其他的语音指令控制 Nomi 拍照和讲故事等	蔚来 ES8 语音助手 Nomi	车主杨先生的两个孩子	●●○○○
A5：由于高速公路堵车，杨先生临时需要寻找充电站或换电站	蔚来 ES8 车内，前往桂林途中	由于遭遇堵车，杨先生发现剩余电量不足，只好通过中控屏幕重新查找路线，导航前往最近的充电站	蔚来 ES8 中控屏幕/仪表屏幕	车主杨先生	●●●○○
A6：杨先生一家等待充电	前往桂林途中，某充电站附近	杨先生下车打开充电口，接上充电枪开始为蔚来 ES8 充电。由于充电时间较长，杨先生一家计划先到附近的商店休息，等充电结束后再继续行程	蔚来 ES8 充电插口/充电枪	车主杨先生	●●●○○

场景问题发掘

1. 在纯电动汽车持续发展的背景下，智能手机 App 与车机的连接为广大车主提供了便利
2. 当人们以家庭为单位进行自驾游出行活动时，要求纯电动汽车具备更宽敞的车内空间，以满足乘客乘坐舒适及行李放置的需求
3. 目前纯电动汽车的内饰设计普遍采用集成的设计手法，但用户只能与冰冷的车机系统进行语音交互，缺乏设计上的人文关怀
4. 数据显示，短途自驾游出行的时长一般为 4 小时，在自驾途中用户被限制在座椅上，因此座椅的舒适性对用户而言非常重要
5. 续驶里程不足是使大部分纯电动汽车用户感到担忧的问题，而在自驾游出行的场景下，即使用户提前进行行程规划也容易发生意外，对其实际驾乘体验会造成一定影响
6. 伴随着快充、超充技术的面世，纯电动汽车的充电时间大幅缩短，但在自驾游出行的途中面临充电难题时，较长的充电时间难免对驾驶体验造成影响

潜在需求设计点

1. 以纯电动汽车与智能手机 App 的连接为契机，未来纯电动汽车可以在物联网技术持续发展的基础上与更多的智能设备互联
2. 针对以自驾游为主要形式的娱乐型出行场景，纯电动汽车的内饰设计还需要考虑到用户大量随行物品的储存需求，根据实际情况对车内的储物空间进行拓展
3. 从乘员的角度看，需要的是在乘坐过程中更新颖、有趣的体验，例如可通过对内饰布局的重新设计，拓展出更多样的乘坐体验形式
4. 未来纯电动汽车在引入语音交互技术的基础上，还可以探索更丰富的用户-汽车交互形式，使用户在使用时能有更沉浸的体验
5. 要从内饰设计的角度缓解用户对续驶里程不足的焦虑感，结合不同的感官刺激手段使用户的情绪得到舒缓
6. 当纯电动汽车进行充电时，可以将内饰氛围转换为适合休息的状态。通过车机系统对各内饰功能的调控，从多感官体验的维度降低用户对等待充电行为的焦虑感

图3-21 基于AEIOU分析框架的访谈调研分析六

明显。而在自驾游出行的场景下，用户需要驾驶汽车的里程较长，路况更难以预测，即使用户提前进行行程规划亦容易发生意外，对其实际驾乘体验会造成一定影响。

6）伴随着快充、超充技术的面世，纯电动汽车的充电时间大幅缩短，但国家电网2020年发布的《中国新能源汽车充电数据应用分析》显示，大部分纯电

动汽车的充电时间仍需要约1小时。当用户驾驶纯电动汽车时，尤其是自驾游出行的途中面临充电难题时，充电时间长会对驾驶体验造成负面影响。

基于从杨先生一家的自驾出游案例中总结出的六类场景问题，深入发掘娱乐型出行活动场景下用户的实际需求并提出设计点。

1）以纯电动汽车与智能手机App的连接为契机，未来纯电动汽车可以在物联网技术持续发展的基础上与更多的智能设备进行互联。纯电动汽车未来或会逐渐摆脱单纯出行工具的刻板印象，更多参与用户的日常生活，成为用户生活中的智能伙伴。

2）针对以自驾游为主要形式的娱乐型出行场景，纯电动汽车的内饰设计还需要考虑到用户大量随行物品的储存需求，既要保证多用户在长时间乘坐中的舒适体验，还需要根据实际情况对车内的储物空间进行拓展。

3）以自驾游为主要形式的娱乐型出行场景通常以家庭为单位。因此，该场景下的目标用户群体较为广泛，一般以中青年男性为驾驶人，女性、儿童以及中老年人为乘员进行出行活动。由于乘员在驾驶过程中被限制于座椅上，且没有驾驶任务，因此从乘员的角度看，更需要的是更新颖、有趣的乘坐体验。例如可通过对纯电动汽车内饰布局的重新设计，令各乘员之间的沟通交流更便利，拓展出更多样的乘坐体验形式。

4）未来纯电动汽车在引入语音交互技术的基础上，还可以探索更丰富的用户-汽车交互形式，例如手势交互、AR-HUD、VR虚拟现实以及人脸识别交互等形式，使用户在使用纯电动汽车时有更沉浸的体验。

5）要从内饰设计的角度缓解用户对续驶里程的焦虑感。当车机系统监测到剩余电量不足时，需要为用户提前规划下一步行动并提供前往附近充电站或紧急联系充电车的建议。当汽车已经处于低电量状态时，车机系统可通过对香氛系统或音响系统进行智能调节，例如降低香氛的浓度等具体操作，使车内氛围倾向于柔和，从而在多感官层面使用户的情绪得到舒缓。

6）当纯电动汽车处于充电过程中时，可以将整车内饰氛围转换为适合休息的状态。通过车机系统对各内饰功能的控制和调节，从多感官体验的维度降低用户对等待充电行为的焦虑感，甚至享受充电时的休息状态。

定量调研部分通过回收问卷得到，以娱乐型出行活动为主要场景的有效问卷共36份。以环形图形式对娱乐型出行活动场景数据进行可视化整理，如图3-22、图3-23和图3-24所示。数据显示，以娱乐型出行活动为主要场景的纯

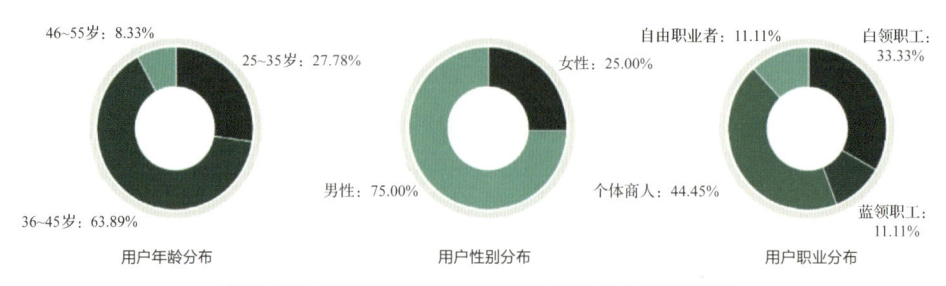

图3-22 基于娱乐型出行场景的用户个人信息调研

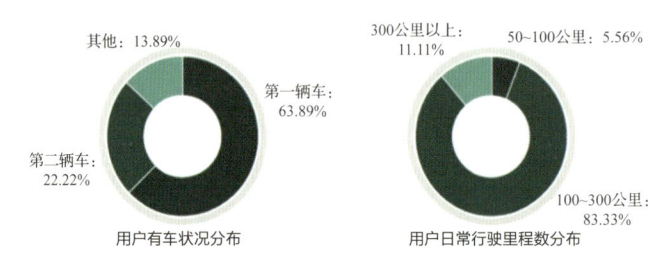

图3-23 基于娱乐型出行场景的用车状况信息调研

图3-24 基于娱乐型出行场景的用户个人性格/价值观调研

电动汽车用户的主体年龄分布为25~45岁，说明目前中青年用户是自驾游等娱乐型出行活动的主要参与者，而46岁以上的用户数量明显较少，则说明随着年龄的增长或身体素质的下降，大部分中老年人越来越少参与长距离出行活动。男性个体商人或白领职工是参与娱乐型出行活动的主要用户，他们购买的纯电动汽车普遍是家里第一台车，自驾出行的里程数为100~300公里，以省内的中短途旅游为主。数据还显示，娱乐型出行场景下的主要用户普遍更关注纯电动汽车的基础属性，如续驶里程或车内的空间大小。另外，他们对产品的喜好，表明他们对日常产品的基础属性要求也较高。他们偏好宽敞舒适及奢华尊享的内饰风格，追求更舒适的长时间驾驶体验，并期待纯电动汽车未来能成为他们自驾游出行中的智能伙伴。

4. 纯电动汽车的三类典型用车场景描述

（1）要素设定

纯电动汽车属于体量较大且购买金额较高的产品，在国内目前普遍以家庭共有资源的形式存在，其使用也多以两位甚至多位家庭成员为主，而非单独的个体。依据用户出行行为研究，家庭作为由多个体组合而成的复杂单位，各成员进行的活动之间会存在相互影响关系。

综上，当需要对某个体进行活动目标与需求分析时，还需要考虑个体与其他家庭成员活动的相互关系，从而提高分析结果的可靠性。然而，目前国内对纯电动汽车的设计研究普遍针对用车的单独个体，忽略了家庭作为纯电动汽车出行基本单位对出行行为产生的影响，难以准确探讨出行活动中的潜在需求。因此，为了从场景分析中挖掘出更有价值的用户需求，研究将以家庭作为探讨场景要素设定与布局设定的基本单位。在要素设定中，结合前文的体验需求调研结果，以个人信息、个人性格及价值观、用车状况以及主要特征作为四类主要内容，总结定义典型用户的关键特征，建立基于公务型出行场景、生活型出行场景及娱乐型出行场景的典型用户模型。

表3-6所示为家庭的男主人唐明先生的四类关键特征，其用车场景为工作日的公务型出行及节假日与家人一起的娱乐型出行，主要包括上下班通勤、接送孩子上学、工作出差及自驾游等活动。

表3-6 公务型及娱乐型出行场景下的用户模型

个人信息	姓名：唐明 性别：男 年龄：39岁 职业：国企中层领导 性格：温文尔雅、率性随和、喜欢尝试新鲜事物 收入水平：高收入水平

（续）

个人性格/价值观	家庭结构：已婚，育有一个女儿，目前是小学五年级学生 兴趣爱好：登山、徒步等中高强度户外活动，追求新鲜刺激的体验 产品喜好：喜好经典的老品牌，而且对产品的各方面品质都有相当高的要求，也非常看重品牌效应 社会关系：唐先生作为部门领导，经常需要出差，或参加各种会议 价值观：目前认为纯电动汽车仍然是简单的代步工具，期待它未来可以成为更智能化的"管家"
用车状况	车龄：10年 拥有车辆：家里共2辆车，一辆传统燃油汽车，一辆纯电动汽车 用车习惯：主要是保守稳重的驾驶方式，尤其是和家人一同外出时，但偶尔独自开车时会相对激进 主要场景：上下班通勤、接送孩子上学、假日自驾游
主要特征	深思熟虑/稳重内敛型纯电动汽车用户 唐先生为人成熟稳重，工作上一丝不苟，而且经常使用iPad等智能设备辅助办公，敢于尝试新鲜事物。生活上重视家庭观念，每天会接送妻子及孩子。对他而言，纯电动汽车目前仍然只是简单的代步工具，但他希望未来的纯电动汽车可以有更智能的形象，辅助他工作或处理生活上的事务

表3-7所示为场景中家庭的女主人苏怡女士，即唐太太的四类关键特征，在工作日唐太太普遍以公务型出行场景为主，偶尔以伴随性活动的形式进行生活型出行活动，周末则以生活型出行为主，主要包括上下班通勤、购买日常用品、朋友聚会及周末接送孩子参加培训班等活动。

表3-7 基于生活型出行场景的典型用户模型

个人信息	姓名：苏怡（唐太太） 性别：女 年龄：35岁 职业：私营保险公司销售 性格：喜爱结交新朋友，追求高品质的生活 收入水平：中等收入水平
生活状况	家庭结构：已婚，育有一个女儿，目前是小学五年级学生 兴趣爱好：喜欢美食购物，还喜欢拍摄短视频分享自己生活的精彩瞬间 产品喜好：特立独行，喜欢小众精致的产品，也对富有文化底蕴的产品有着浓厚的兴趣

（续）

生活状况	社会关系：唐太太的工作压力较小，生活也比较轻松，周末经常和三五知己外出购物聚会 价值观：纯电动汽车本质是大件产品，期待未来能更自由个性化，更富有个人色彩以及拥有更丰富的车内生活形式
个人性格/ 价值观	车龄：5年 拥有车辆：家里共2辆车，一辆传统燃油汽车，一辆纯电动汽车 用车习惯：喜欢一边驾驶一边唱歌 主要场景：周末外出购物，参加朋友聚会以及运动健身，偶尔需要接送孩子参加培训班
主要特征	随遇而安/积极外向型纯电动汽车用户 唐太太是一位追求高品质生活的新时代都市女性，她享受生活中的每时每刻，工作之余还会经常进行购物、健身等多种休闲活动放松自己的身心。在周末总会约上三五知己一同外出购物聚会。另外，唐太太还喜欢唱歌，会在驾驶时跟随旋律哼唱

基于上述两份典型用户模型，以下运用场景故事的场景构建方法，以场景剧本为手段，规划唐先生与唐太太一家的三类典型用车场景剧本。

（2）布局设定

以头脑风暴法对纯电动汽车的三类场景故事进行完整规划。头脑风暴是一类典型的设计方法，通过合理运用头脑风暴法，可以更高效地开拓设计研究人员的场景思维，从而在有限时间内建立情节丰满的场景故事剧本。为了保证所建立的场景故事具有代表性，研究召集了汽车设计专业的研究生两名，汽车企业内饰设计师一名及交互设计师一名，共四人组成设计小组，综合小组各成员的思维特性进行头脑风暴，对三类典型场景故事进行详细规划。同时，为了更有效地体现场景分析法的预测作用，研究将以2030年作为场景故事的时间节点，依据前期对纯电动汽车内饰设计发展趋势的总结，为典型用户提出需求设计点。

1）公务型出行场景剧本。设计小组依据前期对公务型出行活动的出行轨迹的研究分析，以及体验需求部分的定性及定量数据整理，为唐先生及其家人规划的工作日公务型出行场景剧本如表3-8所示。

表3-8　公务型出行场景剧本

人物：唐先生及其家人 时间：工作日的一天	
6:15	工作周的第一天，唐先生早早起床，用智能手机规划本周的工作日程，包括工作内容及部分外出会议的地点
6:30	唐先生进行洗漱，妻子和女儿陆续醒来并进行梳洗
6:50	由于临近女儿的学期末，唐先生一家提早出发，乘坐电梯来到地下停车场，利用智能钥匙起动纯电动汽车
6:55	唐先生上车后尝试通过智能手机连接车机系统，并将工作日程传输到车机系统中。但车机系统显示文件格式不兼容，最终还是无法将工作日程上传到车机系统中。由于唐先生早上需要前往位于新城区的分公司参加会议，因此唐先生只好在智能手机上查看分公司的具体地址与会议场景，并在车机导航中手动输入地址
7:05	唐先生一家驾车到达居住小区附近的早餐店，由于时间比较紧张，唐太太和女儿选择购买一些餐点及饮品然后在车上用餐
7:10	唐太太与女儿将后排座椅的扶手放倒，将其作为餐桌，准备开始用餐。唐先生调节车机系统的音乐播放器，为女儿选择了一些轻松愉快的动漫歌曲
7:15	由于工作日上午街道上的车流量较大，唐先生驾车过程中需要不时停车等候。坐在后座的女儿用餐时不小心将一些饮品洒到了后排座椅上
7:20	唐先生想起最近行业内部发生了一些变动，几家公司相继推出了新的发展计划，想收听今日资讯了解一下具体的信息，但由于还需要为女儿播放音乐，只好打消了念头
7:30	唐先生将女儿和太太分别送到了学校和公司，从车机系统上选择提前输入的分公司地址，驾车前往分公司
7:50	由于只有唐先生一人在驾驶汽车，因此其驾驶行为比较激进，对车内控制部件的操作也比较频繁。但由于纯电动汽车的操作与传统燃油汽车类似，唐先生感觉仍在驾驶传统燃油汽车
8:00	唐先生就职的公司在城市高新区开设了分部，由于该区域目前处于发展阶段，因此道路上的车流量和人流量较低，唐先生认为目前的路况比较安全，尝试启动汽车的智能驾驶功能。当智能驾驶系统激活后，汽车开始主动检测车道，并沿着当前的车道开始智能驾驶，但系统提示唐先生必须双手轻扶方向盘
8:30	唐先生顺利到达分公司，停好车后前往会议地点参加工作会议
11:50	唐先生早上的会议结束，约了几位同事一同前往附近的某饭店吃午饭，午饭后一同返回公司本部

（续）

人物：唐先生及其家人 时间：工作日的一天	
12:00	唐先生与几位同事坐进车内，同事为唐先生推荐了一家饭店，并通过微信将饭店地址传送给唐先生。唐先生通过车机微信直接导航前往该饭店
13:00	饭后，唐先生与几位同事一同返回公司本部
18:20	唐先生完成了当天的大部分工作，收拾好笔记本电脑，准备先接太太和女儿回家，晚上再完成余下的工作
18:30	当前处于下班高峰时段，唐先生在前往女儿学校的路上遭遇了堵车，由于工作了一天，唐先生的精神状态逐渐不佳，还逐渐产生了焦虑感和局促在座椅小空间内的压迫感。因此，唐先生打开音频播放器播放音乐缓和情绪，但堵车路段网络信号比较差，播放音乐时出现了卡顿现象，更加剧了唐先生的焦虑感
18:40	唐先生接到了女儿和太太，准备驾车一起回家。唐先生突然接到公司同事的来电，但由于家人还在车上，唐先生只好取出蓝牙耳机接听电话
18:50	同事告知唐先生，由于某客户将于明天离开本地，为了赶上最后节点与客户会面并接下项目，项目计划书的内容急需唐先生确认。但目前唐先生与家人仍被堵在路上，唐先生只好寻找机会靠边停车，并取出笔记本电脑对计划书的内容进行快速确认
19:10	唐先生与家人回到家里，唐太太开始准备晚餐，唐先生与女儿到客厅稍事休息后，准备辅导女儿完成当天的作业

基于设计小组共同规划的公务型出行场景剧本，对剧本中唐先生及其家人一天通勤出行活动中存在的问题以及潜在的需求设计点进行挖掘整理。

①公务型出行场景剧本问题一：唐先生作为企业的中层领导，每天有各种不同性质的工作需要执行，因此他通常会在自己的智能手机上提前对工作日程进行规划。在某个工作日上班前，唐先生尝试将智能手机内的工作日程导入到纯电动汽车的车机系统中，却发现由于智能手机日程记录文件与车机系统不兼容导致无法导入，因此他只好在智能手机上查看当天的工作计划。

在问题一中，由于车机系统与唐先生的随身智能设备系统不兼容，使唐先生在车机上查看工作日程的计划落空，并导致他与车机系统的使用体验被割裂。在物联网技术持续发展的背景下，未来纯电动汽车的车机系统或应提升与用户其他智能设备的信息互联能力，通过用户的随身智能设备可以实现将工作日程等常用信息随时随地导入车机系统，为用户营造更流畅的使用体验。

②公务型出行场景剧本问题二：由于临近期末，唐先生的女儿需要更早到达学校，因此唐先生一家只好在前往学校的路上吃早餐。通常唐太太与女儿会以后排座椅的扶手作为餐桌并一同进餐。但在路况比较复杂的情况下，汽车的起停动作会比较频繁，容易导致食物残渣或汤水残留在车内。

随着人们生活节奏的加快，越来越多的家庭需要在移动的过程中完成日常活动。当在车内用餐时，一方面容易导致车内环境变得杂乱，另一方面食物残渣如果不及时清理还可能滋生细菌。为更好保障用户的车内环境卫生，以及用户的健康，纯电动汽车需要对内饰空间配套清洁净化设计。

③公务型出行场景剧本问题三：在送女儿上学的途中，偶尔唐先生也想收听一些资讯类的电台节目，但为了让女儿保持学习热情和良好心态，会选择播放一些轻松愉快的音乐。

通过场景问题三可以发现，虽然音频播放功能是纯电动汽车主要的娱乐形式，但车内每位乘员对音频的需求有差异，唐先生想要收听资讯类内容，女儿则需要收听轻松的音乐类内容。为了满足多用户场景下的复杂需求，纯电动汽车可以对内饰空间进行音区或私人区域的划分，在各自独立的区域内可以进行独立的娱乐活动。

④公务型出行场景剧本问题四：唐先生同时是传统燃油汽车的用户，在购置了纯电动汽车并长期使用后，他逐渐发现纯电动汽车的大部分操作方式与传统燃油汽车类似，在实际的用车过程中，难以产生新鲜感。

由于目前已量产的纯电动汽车内饰基本结构与传统燃油汽车相似，用户在用车过程中难以区分。因此，为了更好地凸显纯电动汽车作为未来交通工具的主流属性，需要在内饰设计上考虑更多有趣的元素，以提升用户与纯电动汽车的互动体验。

⑤公务型出行场景剧本问题五：唐先生在前往新城区分公司的路上，发现路况较好且车流量较低，因此尝试启动智能驾驶功能。激活功能后发现智能驾驶系统开始接管汽车并沿车道自动驾驶，但要求唐先生的双手必须轻扶在方向盘上，因此实际上并未能解放用户的双手。

随着自动驾驶系统的持续发展，在2030年的背景下，纯电动汽车将配置更高等级的自动驾驶系统，从而真正将用户从驾驶行为中解放。

⑥公务型出行场景剧本问题六：唐先生在接家人回家的过程中接到有关公司事务的来电，但由于还有家人在车内，他只好一直戴着蓝牙耳机通话，这一

方面容易造成驾驶安全隐患，另一方面不是舒适的体验。

在问题六中，当多名乘员共同使用纯电动汽车时，仍需要注重乘员个体的活动私密性。以剧本中唐先生进行通话活动为例，纯电动汽车可以通过配置具有声源定位功能的隐私音频设备，来保证用户的通话私密性，同时避免对其他乘员造成打扰。

⑦公务型出行场景剧本问题七：唐先生在接家人回家的途中收到紧急工作任务，但由于车内缺乏合适的设备及空间，他只能将任务推迟至到家后再完成。

以唐先生为例的企业白领职工，在通勤途中产生办公需求的频率比较高，但由于纯电动汽车内饰布局的限制，用户在通勤途中难以抽身进行工作。当通勤途中发生拥堵时，用户甚至还会产生压迫或焦虑的情绪。可以发现，纯电动汽车在使用过程中需要面对较多的临时性空间需求。为了满足用户在特定场景下的需求，纯电动汽车的内饰空间需要具有一个调节能力，例如通过结构的移动形成一个专属的办公空间。

基于以上由公务型出行场景剧本导出的七项需求设计点，设计小组成员将其与FELS价值元素模型的功能性产品价值、情感性的产品价值、改变生活的产品价值以及社会影响的产品价值四类关键产品价值因素进行梳理归类，以检验其是否普遍满足公务型出行场景下的基本需求情况。小组成员首先需要对各需求设计点对应的产品价值进行分类，然后统一进行整合分析，当同一需求设计点下选择相同产品价值的成员占小组成员人数的大部分时，即可认为满足该需求设计点符合对应产品价值的特征。如图3-25所示，通过桑基图（Sankey Diagram）的形式将上述七项需求设计点的梳理归类结果进行可视化，可发现当前场景剧本提出的需求设计点特征，主要集中于功能性产品价值以及情感性产品价值。其中，车内空间主动清洁、高等级智能辅助驾驶及独立办公空间三项设计点属于更高层次的改变用户生活的产品价值。因此，这七项需求设计点基本满足公务型出行场景下的用户需求，同时还体现了用户对更高层次感性价值的追求。

为从用户的视角确定公务型出行场景下，七项需求设计点的Kano需求类型及需求优先度，须设计针对公务型出行场景的Kano调研问卷正向及反向问题。本次Kano调研问卷以线上形式发放，主要发放于两个200人以上的纯电动汽车车友微信群以及纯电动汽车资讯微信群，回收有效问卷71份。通过将71份有效问卷数据授权至SPSSAU数据科学平台，对Kano调研问卷进行信度检验。如

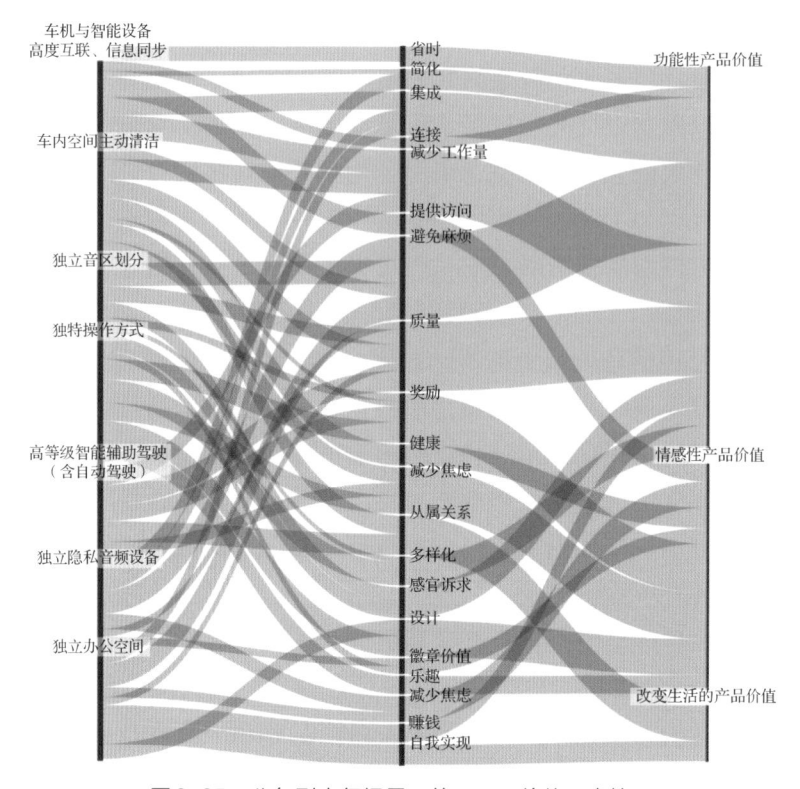

图3-25 公务型出行场景下的FELS价值元素梳理

表3-9所示，首先，分析其α系数，其中正向问题信度检验Cronbach α系数值为0.796，反向问题信度检验Cronbach α系数值为0.776，均介于参考值0.7~0.8之间，可判断该Kano问卷信度较好。其次，七项需求设计点的CITC值均高于参考值0.4，说明各分析项之间具有良好的相关关系，综合说明公务型出行场景Kano调研数据信度质量高，可用于进一步分析。

依据设计策略章节中的Kano模型评价表对调研数据进行分析，在双向选择题喜欢、理所当然、无所谓、可以忍受和不喜欢五个选项中通过取最大值的方式，对各项需求设计点的Kano需求类别进行确认。通过公式 $r_j = |\vec{r_j}| = \sqrt{X_j^2 + Y_j^2}$（$0 \leq r_j \leq \sqrt{2}$），计算每一项需求设计点的Kano需求重要度指标$r_i$，并依据重要度数值大小进行排序。表3-10所示为基于公务型出行场景的Kano调研数据，以及对Kano需求类别、Kano需求重要度的分析整理。

通过整理可总结，在公务型出行场景中，满足车机系统与智能设备高度互

表 3-9 公务型出行场景 Kano 问卷信度分析

	校正项总计相关性（CITC）	项已删除的 α 系数	Cronbach α 系数
正向 Kano 调研提问			0.796
如果纯电动汽车的内饰设计具有车机与智能设备（例如手机、平板电脑等）高度互联、信息同步的特征，您的感受是？	0.609	0.753	
如果纯电动汽车的内饰设计具有车内空间主动清洁功能的特征，您的感受是？	0.639	0.747	
如果纯电动汽车的内饰设计具有车内空间独立音区（各音区间音频播放互不影响）的特征，您的感受是？	0.468	0.781	
如果纯电动汽车的内饰设计具有独特操作方式的特征，您的感受是？	0.434	0.786	
如果纯电动汽车的内饰设计具有高等级智能辅助驾驶（包含自动驾驶）的特征，您的感受是？	0.437	0.785	
如果纯电动汽车的内饰设计具有独立的隐私音频设备（例如工作通话只有本人能听到）的特征，您的感受是？	0.593	0.757	
如果纯电动汽车的内饰设计具有独立的办公空间的特征，您的感受是？	0.498	0.775	
反向 Kano 调研提问			0.776
如果纯电动汽车的内饰设计未能具有车机与智能设备（例如手机、平板电脑等）高度互联、信息同步的特征，您的感受是？	0.477	0.804	
如果纯电动汽车的内饰设计未能具有车内空间主动清洁功能的特征，您的感受是？	0.594	0.727	
如果纯电动汽车的内饰设计未能具有独立音区（各音区间音频播放互不影响）的特征，您的感受是？	0.593	0.729	
如果纯电动汽车的内饰设计未能具有独特操作方式的特征，您的感受是？	0.628	0.727	
如果纯电动汽车的内饰设计未能具有高等级智能辅助驾驶（包含自动驾驶）的特征，您的感受是？	0.475	0.753	
如果纯电动汽车的内饰设计未能具有独立的隐私音频设备（例如工作通话只有本人能听到）的特征，您的感受是？	0.545	0.739	
如果纯电动汽车的内饰设计未能具有独立的办公空间的特征，您的感受是？	0.504	0.747	

表3-10 公务型出行场景Kano需求分析

场景剧本需求设计点	Kano调研选项占比					Kano需求类别	Kano需求顺序 重要度顺序
	喜欢	理所当然	无所谓	可以忍受	不喜欢		
车机与智能设备高度互联 - 正向	33.8%	26.76%	32.39%	4.23%	2.82%	魅力需求	3
车机与智能设备高度互联 - 反向	1.41%	0.00%	46.48%	23.94%	28.17%		
车内空间主动清洁 - 正向	22.54%	29.58%	40.85%	2.82%	4.23%	必备需求	5
车内空间主动清洁 - 反向	5.63%	1.41%	30.99%	23.94%	38.03%		
独立音区划分 - 正向	28.17%	36.62%	28.17%	4.23%	2.82%	无差异需求	7
独立音区划分 - 反向	2.82%	2.82%	35.21%	35.21%	23.94%		
独特操作方式 - 正向	39.44%	35.21%	22.54%	2.82%	2.82%	一维需求	4
独特操作方式 - 反向	1.41%	4.23%	16.90%	38.03%	39.44%		
高等级智能辅助驾驶 - 正向	25.35%	29.58%	42.25%	1.41%	1.41%	必备需求	1
高等级智能辅助驾驶 - 反向	2.82%	1.41%	32.39%	29.58%	33.80%		
独立隐私音频设备 - 正向	30.99%	28.17%	35.21%	4.23%	1.41%	必备需求	6
独立隐私音频设备 - 反向	4.23%	2.82%	30.99%	19.72%	42.25%		
独立办公空间 - 正向	38.03%	26.76%	28.17%	4.23%	2.82%	魅力需求	2
独立办公空间 - 反向	0.00%	7.04%	28.17%	35.21%	29.58%		

联、信息共享，以及具有独立的办公空间，为Kano需求重要度排序靠前的需求类型，且均属于魅力需求类别，因此在场景使用阶段应当重视并优先满足此类需求。由于独立音区划分在公务型出行场景中属于无差异需求，因此在场景使用阶段暂不考虑满足该需求。

2）生活型出行场景剧本。以购物出行为主要形式的生活型出行活动，具有短时间内出行频次较高、出行距离较短等特征，设计小组依据其出行特征，结合体验需求部分的定性及定量数据分析，为苏怡女士，即唐太太及其家人规划的周末生活型出行场景剧本如表3-11所示。

表3-11 生活型出行场景剧本

人物：苏怡女士（唐太太） 时间：周末的一天	
8:35	唐太太早上醒来，睡眼惺忪地拿出放在床头柜上的手机并查看收到的消息，答应了朋友昨天夜里发来的聚会邀请，约定下午3点前到达购物中心
8:45	唐太太把收到的消息全部回复完毕，准备起床洗漱，然后与家人一起吃早餐
9:00	唐太太与家人一起吃完早餐后，整理了餐桌与餐具，稍事休息后准备出发，购买今天午饭和晚饭需要的生鲜与蔬菜
9:05	唐太太准备出发前往超级市场，提议女儿一起去，可以顺便在超级市场买一些零食储存在家里。女儿接受了唐太太的提议，并叫上了自己的同学——邻居家的一位小女孩，三人一起出发
9:15	唐太太三人一起前往停车场取车，由于唐太太家的纯电动汽车是双门四座布局，因此唐太太先把副驾驶座椅放倒，让女儿和她的同学坐到后排，然后自己回到主驾驶位
9:35	唐太太见女儿和同学兴致勃勃，便选择前往一家新开的超级市场。到达超级市场停车场后，发现停车场的车流量很大，空余停车位比较少，唐太太只好放慢车速，寻找合适的停车位
9:40	唐太太找到了一个比较合适的停车位，但由于空间比较狭窄，她尝试了几次都没能倒车入库。因此，唐太太首次尝试使用汽车的自动泊车功能，功能启动后汽车便开始自主操作，但不停旋转的方向盘让唐太太产生了担心，同时中控屏幕显示的倒车角度也比较小，唐太太无法清楚了解汽车正在进行的操作。有几次在自主倒车的时候，唐太太下意识踩下制动踏板使汽车停住，中断了自动泊车程序
9:45	虽然自动泊车的过程使唐太太比较担心，但最终还是把车停好了，三人开始到超级市场购物

（续）

人物：苏怡女士（唐太太） 时间：周末的一天	
10:35	三人购物结束后准备取车回家。唐太太的女儿欢快地通过脚踢感应的方式打开汽车的行李舱门，和同学一起把买到的商品放到车上。随后她们发现一些商品的体积比较大，需要把后排座椅放倒才能放下，但因为后排还需要坐人，所以两人与唐太太一起将大件商品先拆卸成小部分后，再勉强放进行李舱
10:50	三人到达居住地停车场，从车里取出购买的商品回家准备中午饭
11:40	唐太太和家人一起吃中午饭，饭后在客厅与家人一起观看电视节目
13:30	女儿要参加课外补习活动，唐太太驾车送女儿到补习机构
14:30	唐太太再次驾车出门，准备前往约定的购物中心与朋友们聚会
17:30	唐太太告别了朋友们，前往女儿的补习机构，等待她下课后一起回家
17:35	由于临近学期末，补习机构的学习强度也逐渐增加，女儿的课时有所延长，因此唐太太将车停下，保持空调与音乐播放器开启，然后稍稍放倒座椅开始阅读朋友推荐的新书
17:55	唐太太接上下课的女儿，发现她已经比较疲倦，于是让女儿坐到后排，这样可以更好地休息
18:10	唐太太驾车回家的途中发现，虽然车外的光线比较明亮，但女儿进行了长时间的学习，还是累得很快睡着了
19:30	唐太太与家人结束晚饭后，稍事休息准备前往健身房
19:45	唐太太到达健身房停车场，从车内取出需要的健身装备及一些替换衣物
19:50	唐太太到达顶层的健身房，换上运动装后开始健身
21:30	唐太太健身结束，收拾物品前往停车场准备回家
21:50	唐太太回到家中，结束了愉快又充实的一天

基于规划完成的生活型出行场景剧本，并按剧本主角唐太太及其家人一天的行程时间顺序，挖掘整理场景中存在的问题以及潜在的需求设计点。

①生活型出行场景剧本问题一：虽然唐太太家的纯电动汽车内饰布局是前后排的传统形式，但由于其采用双门设计，导致用户在进入驾驶舱时，尤其是进入后排时会存在不便。用户必须先将前排座椅往前放倒才能挤进后排，而放倒笨重的前排座椅对特定场景下的用户而言并不方便，且挤进后排的动作显得

不自然。

可以发现，问题一中对用户造成不便的主要原因是驾驶舱的进出形式及其布局形式。基于纯电动汽车全新的车身结构，仍然沿用传统的拉门形式并不一定是最优的解决方案。例如可以引入以电控或液压助力的大面积开合机构，既能令用户更自如地进入驾驶舱，又能摆脱车门结构过大对用户使用造成的影响。

②生活型出行场景剧本问题二：唐太太驾驶纯电动汽车到达目的地后，发现该市场的停车位空间较小，倒车几次后仍未能成功泊车，因此尝试使用自动泊车功能。虽然最终汽车自主完成了泊放，但在自动倒车的过程中，唐太太数次下意识踩下制动踏板，中断了自动泊车程序。

场景剧本中，唐太太首次使用汽车的自动泊车功能。该功能被激活后，汽车的运动由辅助系统主导，用户在该过程中失去对汽车的掌控权，甚至完全不了解汽车的运动趋势，容易导致对汽车的不信任。纯电动汽车需要形成用户在辅助驾驶系统激活时的安全感，要事先告知用户汽车感知的内容及决策进行的内容。

③生活型出行场景剧本问题三：唐太太家的纯电动汽车布局与传统燃油汽车相似，需要通过放倒后排座椅来拓展车内的储物空间。因此，特定场景下用户乘坐空间与汽车的储物空间会存在一定的冲突。在生活型出行场景剧本中，由于唐太太三人需要使用后排座椅作为乘坐空间，只好将购买的大件物品拆卸后勉强放入行李舱。

传统的前后排内饰布局是为了适应燃油汽车的车身结构，而基于纯电动汽车的车身结构，在内饰布局上可以尝试更自由甚至可变化的形式。适时适当地对内饰布局进行切换，以缓和乘坐空间与储物空间的冲突。为了更好地放置多种不同类型的商品，还需要为用户提供给更合理的储物形式。

④生活型出行场景剧本问题四：在周末的下午，唐太太驾车前往补习机构准备接女儿回家，在等待女儿下课的过程中，她保持空调及音乐播放器开启，并稍稍放倒座椅，在车内悠闲地读书。

区别于传统燃油汽车，纯电动汽车在停放时仍然可以长时间开启车内的电器。因此，纯电动汽车在音频娱乐的基础上还可以配置更多更有趣的娱乐形式，为用户创造更愉悦的用车体验。

⑤生活型出行场景剧本问题五：唐太太接到女儿后驾车回家。虽然车外光线很亮，坐在后排的女儿因为长时间上课十分疲倦，还是很快睡着了。

在生活型出行场景剧本中，用户产生了多种不同的用车需求，例如唐太太有在车内阅读的需求，女儿有在车内休息的需求等。因此，纯电动汽车可以对用户的行为进行主动识别，通过对光线、温度等属性进行调节，为用户提供更舒适、便捷及健康的空间环境。

⑥生活型出行场景剧本问题六：唐太太在周末的傍晚驾车前往健身房准备进行健身活动。进行健身活动需要准备一系列的运动装备以及替换衣物，唐太太通常会将这些衣物常备在车内以免遗漏。

用户在不同出行活动中需要不同的物品，因此对车内空间的需求较高，例如剧本中唐太太进行健身活动需要在车内常备运动装备及替换衣物。因此，未来纯电动汽车需要重塑传统的车内空间，以迎合用户的场景化空间需求，甚至作为用户的移动衣帽间或移动储物间。

通过对生活型场景剧本的深度挖掘，得到纯电动汽车的驾驶舱进入形式、丰富多样的储物形式、辅助驾驶全视角显示、有趣好玩的娱乐配置、空间氛围智能调节及场景化的空间属性共六项需求设计点。如图3-26所示，利用FELS价值元素模型对导出的六项需求设计点进行归类梳理，并以桑基图的形式将梳理结果可视化。可以发现，从生活型出行场景剧本中挖掘出的六项需求设计点均符合特定类别的功能性产品价值及情感性产品价值，而自动泊车全视角实时显示、有趣好玩的娱乐化配置、空间氛围智能调节等需求设计点符合改变生活的产品价值。以纯电动汽车驾驶舱进入形式的需求设计点为例，为纯电动汽车重新设计驾驶舱进出机构，能实现简化使用步骤、降低使用风险、减少开合车门工作量、避免车门开闭过程中发生碰撞、更多样化的进出形式等产品特性。因此，上述六项需求设计点可基本满足生活型出行场景下，用户对纯电动汽车内饰设计的基本需求。以此六项需求设计点为基础，进行关于生活型出行场景的Kano调研。

基于71份关于生活型出行场景有效问卷的数据，通过SPSSAU数据科学平台进行信度检验。如表3-12所示，首先，分析其α系数，其中正向问题信度检验Cronbach α系数值为0.811，反向问题信度检验Cronbach α系数值为0.820，均高于0.8，说明研究数据的信度质量较高。其次，六项需求设计点的CITC值均大于0.4，说明各分析项之间具有良好的相关关系，综合说明数据信度质量高，可用于进一步分析。

依据设计策略中的Kano模型评价表，对调研数据进行分析，对各项需求设

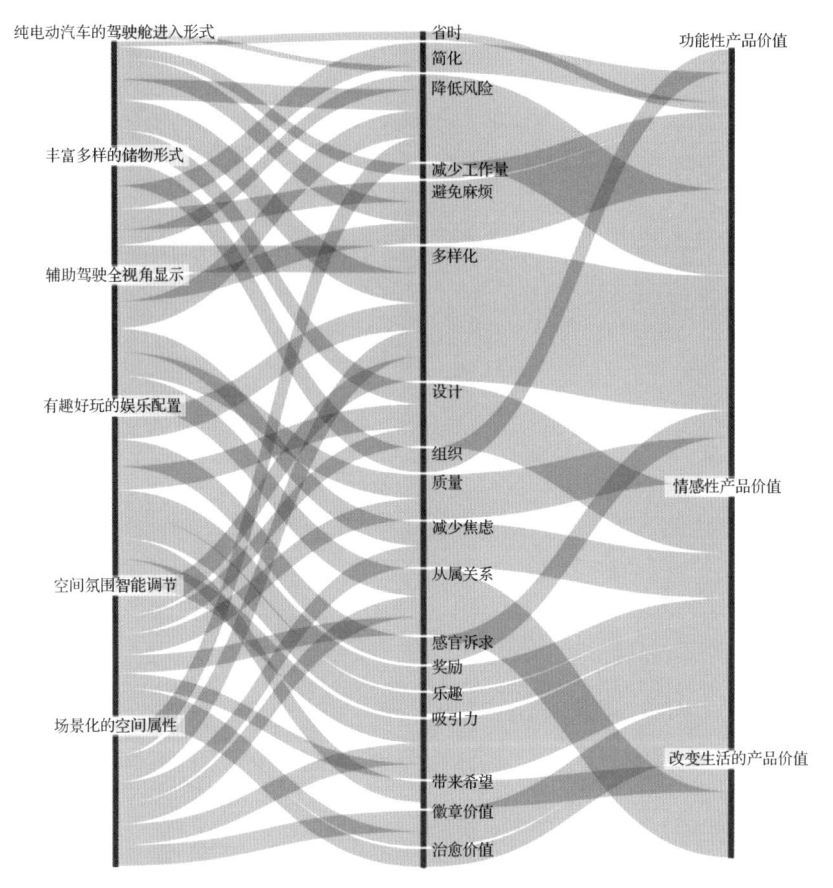

图3-26 生活型出行场景下的FELS价值元素梳理

计点的Kano需求类别进行确认，并计算每一项需求设计点的Kano需求重要度指标r_i，依据重要度高低进行排序。表3-13所示为基于生活型出行场景的Kano调研问卷数据，对Kano需求类别整理及Kano需求重要度排序整理，其中，场景化的空间属性、丰富的储物形式以及氛围调节功能是大部分用户在生活型出行场景下更关注的需求类型，因此在设计细化阶段需要为其提出明确的设计。

3）娱乐型出行场景布局设定。以自驾游为主要形式的娱乐型出行是一类典型家庭出行活动，以下针对其场景故事进行剧本规划，设计小组将以唐先生及其家人作为场景中的主要角色，结合上述场景设定与体验需求的研究与分析，制定场景剧本，如表3-14所示。

表3-12 生活型出行场景Kano问卷信度分析

	校正项总计相关性（CITC）	项已删除的α系数	Cronbach α系数
正向Kano调研提问			
如果纯电动汽车的内饰设计具有可拓展储物空间的特征，您的感受是？	0.656	0.841	0.863
如果纯电动汽车的内饰设计具有智能天窗（例如VR/AR智能互动）的特征，您的感受是？	0.663	0.840	
如果纯电动汽车的内饰设计具有空间布局自由调整的特征，您的感受是？	0.572	0.851	
如果纯电动汽车的内饰设计具有舒适尊享的乘坐体验的特征，您的感受是？	0.559	0.852	
如果纯电动汽车的内饰设计具有智能电量规划（例如低电量提前规划充电路线）的特征，您的感受是？	0.591	0.849	
如果纯电动汽车的内饰设计具有多感官的交互形式（例如体感交互、手势交互）的特征，您的感受是？	0.566	0.851	
如果纯电动汽车的内饰设计具有智能健康监测的特征，您的感受是？	0.673	0.839	
如果纯电动汽车的内饰设计具有驾驶人识别（例如小孩使用汽车智能锁定驾驶功能）的特征，您的感受是？	0.615	0.847	
反向Kano调研提问			
如果纯电动汽车的内饰设计未能具有空间可拓展储物空间的特征，您的感受是？	0.629	0.850	0.867
如果纯电动汽车的内饰设计未能具有智能天窗（例如VR/AR智能互动）的特征，您的感受是？	0.675	0.845	
如果纯电动汽车的内饰设计未能具有空间布局自由调整的特征，您的感受是？	0.594	0.854	
如果纯电动汽车的内饰设计未能具有舒适尊享的乘坐体验的特征，您的感受是？	0.575	0.856	
如果纯电动汽车的内饰设计未能具有智能电量规划（例如低电量提前规划充电路线）的特征，您的感受是？	0.584	0.855	
如果纯电动汽车的内饰设计未能具有多感官的交互形式（例如体感交互、手势交互）的特征，您的感受是？	0.578	0.856	
如果纯电动汽车的内饰设计未能具有智能健康监测的特征，您的感受是？	0.651	0.848	
如果纯电动汽车的内饰设计未能具有驾驶人识别（例如小孩使用汽车智能锁定驾驶功能）的特征，您的感受是？	0.671	0.845	

表3-13 生活型出行场景Kano需求分析

场景副本需求设计点	Kano调研选项占比					Kano需求类别	Kano需求重要度顺序
	喜欢	理所当然	无所谓	可以接受	不喜欢		
独特驾驶舱进出形式 - 正向	23.94%	33.80%	33.80%	4.23%	4.23%	必备需求	4
独特驾驶舱进出形式 - 反向	2.82%	2.82%	26.76%	22.54%	45.07%		
丰富的储物形式 - 正向	36.62%	23.94%	32.39%	7.04%	0.00%	魅力需求	2
丰富的储物形式 - 反向	2.82%	4.23%	35.21%	25.35%	32.39%		
自动泊车全视角显示 - 正向	28.17%	26.76%	39.44%	2.82%	2.82%	必备需求	5
自动泊车全视角显示 - 反向	1.41%	2.82%	32.39%	21.13%	42.25%		
有趣的娱乐配置 - 正向	26.76%	33.80%	33.80%	4.23%	1.41%	无差异需求	6
有趣的娱乐配置 - 反向	4.23%	1.41%	33.80%	33.80%	26.76%		
氛围智能调节 - 正向	38.03%	23.94%	33.80%	0.00%	4.23%	魅力需求	3
氛围智能调节 - 反向	5.63%	2.82%	28.17%	32.39%	30.99%		
场景化的空间属性 - 正向	40.85%	28.17%	25.35%	4.23%	1.41%	魅力需求/一维需求	1
场景化的空间属性 - 反向	2.82%	2.82%	32.39%	29.58%	32.39%		

表3-14 娱乐型出行场景剧本

人物：唐先生一家 时间：假期的一天	
8:15	唐先生在出游前一天提前为汽车充电，并提前用智能手机规划出行路线，查询途经地点的路况预测、天气预测以及途经的充电站等信息。当天早上唐先生早早醒来，阅读了一些新闻资讯后，查阅了预定路线的实时情况
9:00	家人陆续醒来，洗漱过后，唐太太检查出游需要的行李是否齐备
9:25	唐先生一家将出游需要的行李带到停车场，准备放到车上。由于行李较多，唐先生将所有行李都堆叠在一起，勉强全部装进车内
9:30	唐先生一家准备出发，唐先生突然想起证件放在背包内，由于在出游途中可能需要使用证件，唐先生只好将背包取出，找到证件后再将背包放回
9:50	唐先生一家正式出发，这次自驾游的目的地是某个首次前往的周边城市，途中，家人通过车窗眺望周边的美丽风景
9:55	唐先生发现家人正在透过车窗看风景，于是通过按键将天窗的遮阳帘打开，明媚的阳光照进车内，女儿很兴奋
10:20	唐太太与女儿在车内一边观看周边的风景，一边热烈讨论到达目的地后的行程计划。唐先生也想参与进中，但由于途经的路段都比较陌生，只好专注于驾驶活动
11:40	距离唐先生一家出发已经过了将近2小时，唐太太和女儿逐渐感到疲惫，唐太太将座椅靠背稍稍放倒，让身体放松一会儿
12:20	由于假期出游的人流量较大，唐先生一家遭遇了长时间的交通拥堵，导致汽车的电能消耗比预期更高，急需充电。于是，唐先生在保持安全速度的同时，通过车机导航系统手动搜索周边的充电站或换电站
12:35	唐先生一家到达最近的充电站，开始给汽车充电。由于充电需要一段时间才能完成，唐先生给女儿和太太介绍车里的语音交互功能，尝试帮家人消磨等待时间
14:25	经过约4小时的驾驶，唐先生一家终于到达目的地城市，此时的唐先生已经进行了长时间的驾驶活动，感觉很疲惫
14:30	唐先生一家抵达预定的酒店，办理了入住登记手续，将行李运到房间内
14:45	唐先生一家前往当地某饭店，享受午餐的同时放松身心，准备饭后前往景区观光
15:50	唐先生一家驾车前往当地某景区，由于预计停留时间较长，唐先生打算先了解附近的设施，于是下车向工作人员咨询。女儿由于好奇，从后排来到前排驾驶座，摆动方向盘，但很快被唐太太制止了
18:30	唐先生一家结束了在某景区的活动，准备驾车前往景区周边的特色餐厅，既可以欣赏景区的夜景，又可以享受美味的晚餐
20:20	晚饭过后，唐先生一家驾车回到酒店休息，准备迎接接下来的行程

基于上述规划的娱乐型出行场景剧本，针对剧本中唐先生一家的娱乐型出行活动存在的问题，挖掘整理潜在的需求设计点。

①娱乐型出行场景剧本问题一：唐先生一家进行自驾游出行活动时需要携带数量较多且体积较大的随身物品。为了将这些物品放进汽车的行李舱，唐先生不得不以层层堆叠的形式放置，但放置完成后如果临时需要从中拿取物品会非常困难。

在以自驾游为典型形式的生活型出行场景中，用户对行李的拿取与收纳是发生频率较高的行为。当自驾游途中用户产生对物品的拿取需求时，纯电动汽车或需对储物空间进行适当拓展，以给予用户更便利的使用体验。

②娱乐型出行场景剧本问题二：在前往自驾游目的地途中，唐先生发现家人正通过车窗欣赏沿途风景，于是将天窗遮阳帘打开，女儿的注意力很快被天窗上方的天空吸引。

天窗是车内乘员观察外部世界的独特视角，在相对封闭的空间内，透过天窗观察外界可以为用户带来非常独特的视觉体验。未来在天窗具有独特视野的基础属性上，还可以赋予其更令人印象深刻的感官体验。例如将天窗及外部世界作为动态的背景，结合VR技术让用户与天窗互动，从单一视觉形式拓展至更多感官形式。

③娱乐型出行场景剧本问题三：在长时间的行车过程中，唐太太与女儿在持续进行交流与互动。但唐先生需要时刻专注于驾驶活动，因此未能与家人们互动。又由于车内前后排布局的限制，唐先生也难以与家人互动。

以家庭为单位的自驾游出行活动是培养良好亲子关系的重要途径，但由于需要执行驾驶行为且车内空间布局受到限制，用户间难以展开顺畅的交互活动。通过配置更高等级的智能辅助驾驶系统，可以将用户从驾驶行为中解放，结合布局可变的内饰空间，提升用户间的交互体验。

④娱乐型出行场景剧本问题四：在出发将近2小时后，长时间保持坐姿的唐太太开始感觉疲倦，便通过座椅调节按钮将座椅的靠背放倒，让身体放松一下。

在自驾游出行的场景下，用户需要长时间保持坐姿，体验并不舒适，因此，为了营造更舒适的娱乐性出行体验，纯电动汽车需要为用户提供更多的舒适性配置。

⑤娱乐型出行场景剧本问题五：节假日的道路上，车流量较大且交通拥堵情况严重。通过观察仪表，唐先生发现汽车的剩余电量已经较低，甚至不足以

支撑到目的地，急需充电。因此，唐先生通过车机导航前往最近的充电站。

里程焦虑是纯电动汽车车主普遍存在的痛点，为了更好地缓解用户对汽车续驶里程的担心，纯电动汽车需要在告知用户电量较低的同时，为用户提供路线规划完善的充电方案或换电方案，提升用户对汽车的信赖感。

⑥娱乐型出行场景剧本问题六：由于行驶时间较长，唐先生向女儿介绍车机的语音交互功能，但由于只能与触控屏幕进行枯燥单一的对话，女儿很快就失去了兴趣。

语音交互是纯电动汽车重要的交互形式之一，但由于其语音操作反馈机制尚未完善，且通常以电子形象出现于车机屏幕内，难以与用户建立信任与情感联系。因此，在语音交互形式的基础上，纯电动汽车还可以引入更丰富的交互形式，例如手势、体感等具有独特感官体验的人－车交互体验。另外，还可以通过搭载独立的语音交互实体，使用户的交互对象从触控屏幕转移至实体上，为用户提供更有温度的交互过程。

⑦娱乐型出行场景剧本问题七：唐先生一家即将抵达目的地，至此唐先生已经驾驶了将近4小时，感觉特别疲惫。

随着计算机视觉技术和深度学习算法的不断发展，车载健康及行为监控技术逐渐得到广泛应用。未来纯电动汽车可以为长时间驾驶的用户设定不同的健康目标，当用户的精神状态或情绪出现一定波动时，车机系统会通过调整内饰的灯光、温度、气味或音乐类型等方式，保障用户的身心健康。

⑧娱乐型出行场景剧本问题八：唐先生一家准备前往某风景区时，由于不了解周边充电桩的具体位置，唐先生便下车与景区的工作人员沟通，女儿从后排座椅转移到驾驶座上，好奇地转动方向盘。

从小孩的角度，纯电动汽车更像一件大玩具，因此小孩对汽车充满好奇甚至希望亲手操作。在保证安全性的前提下，未来纯电动汽车通过对用户进行智能识别，可以为小孩有限制地开放部分功能，既能为其提供乐趣，又能保证使用安全。

如图3-27所示，以桑基图的形式对娱乐型出行场景中导出的八项需求设计点进行归类梳理后发现，上述八项需求设计点均符合特定类别的功能性产品价值及情感性产品价值，而其中智能天窗、智能电量规划、智能健康监测以及驾驶人识别四项由车内智能系统主导的需求设计点，符合带来希望及从属关系两项改变生活的产品价值。因此，上述八项需求设计点可基本满足娱乐型出行场

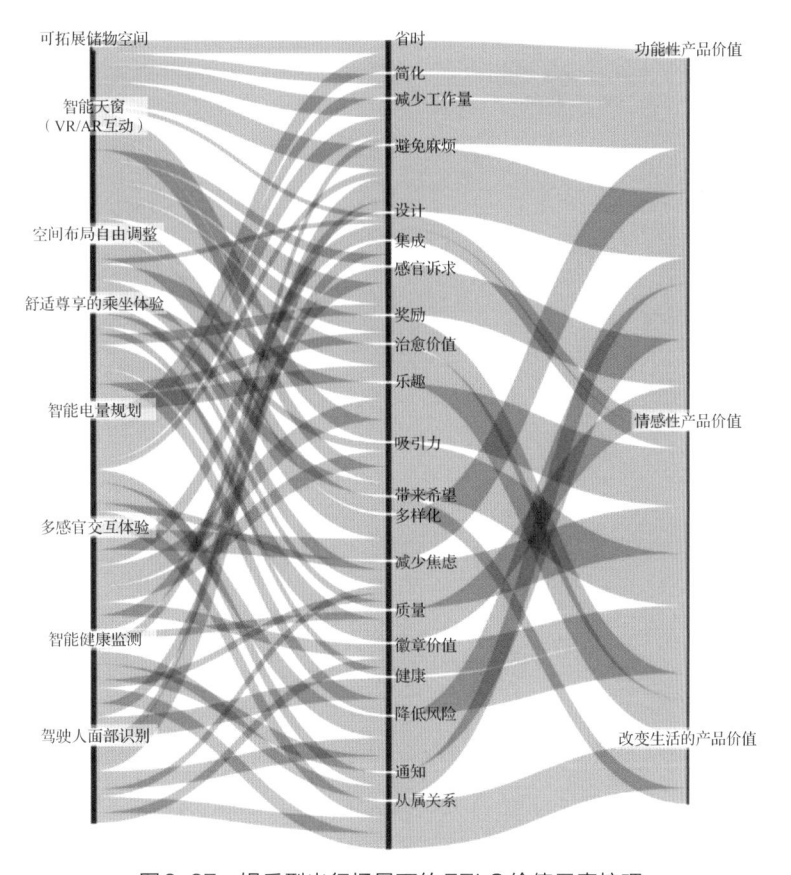

图3-27 娱乐型出行场景下的FELS价值元素梳理

景下，用户对纯电动汽车内饰设计的需求，以此八项需求设计点为基础，进行关于娱乐型出行场景的Kano调研。如表3-15所示，通过SPSSAU数据科学平台对71份娱乐型出行场景有效问卷进行数据信度检验。其中，正向问题信度检验Cronbach α系数值为0.863，反向问题信度检验Cronbach α系数值为0.867，均高于参考值0.8。这说明娱乐型出行场景的Kano调研数据质量较高，而六项需求设计点的CITC值均高于参考值0.4，说明各分析项之间具有良好的相关关系。综上所述，娱乐型出行场景下的Kano调研数据信度高，可用于进一步分析。

依据Kano模型评价表，通过取最大值的方式，对各项需求设计点的Kano需求类别进行确认，计算每一项需求设计点的Kano需求重要度指标r_i并进行排序。表3-16所示为基于娱乐型出行场景的Kano调研问卷需求分析数据，可以发现在娱乐型出行场景中，智能天窗、智能电量规划以及多感官交互体验等需求设计

表3-15 娱乐型出行场景Kano问卷信度分析

正向Kano调研提问	校正项总计相关性（CITC）	项已删除的α系数	Cronbach α系数
如果纯电动汽车的内饰设计具有可拓展储物空间的特征，您的感受是？	0.656	0.841	0.863
如果纯电动汽车的内饰设计具有智能天窗（例如VR/AR智能互动）的特征，您的感受是？	0.663	0.840	
如果纯电动汽车的内饰设计具有空间布局自由调整的特征，您的感受是？	0.572	0.851	
如果纯电动汽车的内饰设计具有舒适尊享的乘坐体验的特征，您的感受是？	0.559	0.852	
如果纯电动汽车的内饰设计具有智能电量规划（例如低电量提前规划充电路线）的特征，您的感受是？	0.591	0.849	
如果纯电动汽车的内饰设计具有多感官的交互形式（例如体感交互、手势交互）的特征，您的感受是？	0.566	0.851	
如果纯电动汽车的内饰设计具有智能健康监测的特征，您的感受是？	0.673	0.839	
如果纯电动汽车的内饰设计具有驾驶人识别（例如小孩使用汽车智能锁定驾驶功能）的特征，您的感受是？	0.615	0.847	
反向Kano调研提问			
如果纯电动汽车的内饰设计未能具有可拓展储物空间的特征，您的感受是？	0.629	0.850	0.867
如果纯电动汽车的内饰设计未能具有智能天窗（例如VR/AR智能互动）的特征，您的感受是？	0.675	0.845	
如果纯电动汽车的内饰设计未能具有空间布局自由调整的特征，您的感受是？	0.594	0.854	
如果纯电动汽车的内饰设计未能具有舒适尊享的乘坐体验的特征，您的感受是？	0.575	0.856	
如果纯电动汽车的内饰设计未能具有智能电量规划（例如低电量提前规划充电路线）的特征，您的感受是？	0.584	0.855	
如果纯电动汽车的内饰设计未能具有多感官的交互形式（例如体感交互、手势交互）的特征，您的感受是？	0.578	0.856	
如果纯电动汽车的内饰设计未能具有智能健康监测的特征，您的感受是？	0.651	0.848	
如果纯电动汽车的内饰设计未能具有驾驶人识别（例如小孩使用汽车智能锁定驾驶功能）的特征，您的感受是？	0.671	0.845	

表3-16 娱乐型出行场景Kano需求分析

场景剧本需求设计点	Kano调研选项占比					Kano需求类别	Kano需求重要度顺序
	喜欢	理所当然	无所谓	可以忍受	不喜欢		
可拓展储物空间 – 正向	23.94%	45.07%	23.35%	1.41%	4.23%	无差异需求	7
可拓展储物空间 – 反向	2.82%	4.23%	30.99%	40.85%	21.13%		
智能天窗 – 正向	40.85%	29.58%	22.54%	1.41%	5.63%	魅力需求	1
智能天窗 – 反向	2.82%	5.63%	35.21%	28.17%	28.17%		
空间布局自由调整 – 正向	23.94%	29.58%	40.85%	1.41%	4.23%	必备需求	4
空间布局自由调整 – 反向	2.82%	5.63%	26.76%	30.99%	33.80%		
舒适尊享的乘坐体验 – 正向	29.58%	30.99%	33.80%	4.23%	1.41%	无差异需求	8
舒适尊享的乘坐体验 – 反向	2.82%	1.41%	35.21%	26.76%	33.80%		
智能电量规划 – 正向	36.62%	23.94%	33.80%	1.41%	4.23%	魅力需求	2
智能电量规划 – 反向	2.82%	1.41%	28.17%	42.25%	25.35%		
多感官交互体验 – 正向	25.35%	28.17%	39.44%	4.23%	2.82%	必备需求	3
多感官交互体验 – 反向	1.41%	5.63%	23.94%	29.58%	39.44%		
智能健康监测 – 正向	33.80%	29.58%	30.99%	0.00%	5.63%	魅力需求	5
智能健康监测 – 反向	2.82%	4.23%	23.94%	40.85%	28.17%		
驾驶人面部识别 – 正向	28.17%	40.85%	25.35%	5.63%	0.00%	必备需求	6
驾驶人面部识别 – 反向	4.23%	2.82%	30.99%	26.76%	35.21%		

117

点的Kano需求重要度较高。因此，在场景使用阶段应当给予重视并优先满足。而拓展的储物空间及舒适尊享的乘坐体验属于无差异需求，且需求重要度较低，因此场景使用阶段暂不考虑满足该需求。

小结

> 纯电动汽车作为人们的出行代步工具已较为普遍，日常使用过程中须应对富有多样性的行驶环境，而在不同行驶环境下的纯电动汽车用户会产生多种不同的感性需求。通过对用户出行行为的研究分析，本章以SRI提出的六步场景分析思路为基础，整合当前纯电动汽车的内饰设计流程，建立适用于纯电动汽车内饰设计的场景分析设计策略，以主导场景分析法在纯电动汽车内饰设计领域的合理运用。

第 4 章
用户需求升级对纯电动汽车内外饰设计的影响

发展纯电动汽车，旨在解决能源危机和环境污染问题，同时满足时代变化和人们消费诉求下的新生活体验及出行方式，为成熟汽车市场注入新活力。当今市场，消费者逐渐理性化，更多追求体验和精神上的享受。纯电动汽车的发展使其成为满足多样化出行需求及精神享受的产品，也有效促进了环境保护，这也是纯电动汽车快速发展的原因之一。随着城镇化的发展和交通系统的不断完善，城市中日渐饱和的汽车保有量使得交通空间的逐渐缩小，汽车该有的动力性能远没有被发挥出来，尤其是断断续续地行车更降低了燃油的利用率。相比之下，纯电动汽车更适合在城市中行驶，无论从环境、能源、出行体验方面考量，还是从城市的行车特征角度看，发展纯电动汽车都符合当今社会的诉求。

4.1 纯电动汽车的用户需求变化

随着社会生产力水平的不断提高，人们的精神性需求逐步增加，消费结构更趋向体验型消费，并且出现了多层次、多样化的特点。近年来，消费者对出行的需求越来越高，汽车工业也快速发展，我国汽车保有量快速增长，汽车已几乎成为平民化的生活必需品。但随着消费结构的升级，汽车已不仅是一种纯粹满足出行需求的交通工具，更逐渐成为人们尝试新的出行体验的"移动空间"。我国的汽车消费群体也逐渐年轻化，汽车消费开始出现高端化的发展趋势。

1. 用户消费的升级

在消费升级的背景下，我国人均可支配收入水平持续增长，居民购买力也显著增强，消费需求升级或将使汽车下沉成为日常消费品。

（1）消费现状

国内的消费特征已悄然发生转变，逐渐由原来的物质型消费向服务型消费过渡，人们由之前追求"量"的消费向"质"的消费转变，消费观也从模仿型消费向个性化消费转变，并逐渐向国际化发展，开始追求消费的个性感与体验感。消费者在商品多元化时代下的需求不断被提高，进一步刺激了当前人们的消费需求。产品在数量、质量、功能等方面满足当前消费者的刚需后，人们也更加重视消费的原始生态化。在满足一般需求时，人们开始更多考虑到消费的健康性，尤其是互联网大规模普及并快速深入日常生活，促进了人们消费观念的变化，人们更加清楚绿色消费的重要性，更加重视低碳和环保。另外，旅游和精神文化的消费需求也不断增加，人们更注重消费所带来的精神享受。

（2）消费特征

新时代背景下，人们的消费不再是纯粹满足基础物质性需求。随着生活资料从"量"到"质"的转变，消费者的潜在个性需求不断展现，消费者对于产品有了越来越多的选择，追求的产品也更加个性化和多元化。多元化的产品同时彰显了当前消费者个性化的消费需求，消费者也开始从中寻求其文化和精神上的价值。在当前的消费习惯下，产品设计的重心由原来的功能性满足趋于精神和内涵上的满足，消费体验化、内涵化也成为当前消费时代的重要发展特征。

（3）汽车消费

随着汽车的不断普及和居民购买能力的不断提升，汽车正在成为居民消费的必需品。拥有汽车的需求得到满足后，消费者对汽车品牌、功能、外观设计、色彩等要求也进一步提高，汽车设计面临着消费者高要求的挑战。汽车的大范围普及使其逐渐成为一种多文化内涵的产品。汽车消费反映了消费者与汽车生产、经销企业之间的一种文化互动。而出行需求的选择也成为衡量消费习惯和消费文化的重要内容之一。汽车消费要求的提升在反作用于汽车的设计水平，汽车设计本身就是满足消费者所提出的出行需求的一种手段。按照当前汽车消费者的消费习惯及时做出调整与优化，不断加大创新力度，才能推出更匹配消费者需求的设计方案。汽车设计在每个阶段逐渐成熟，反过来刺激消费，而汽车消费的反馈又为下一个阶段的汽车设计提供了方向指引。

2. 出行方式的变化

（1）智能网联

随着互联网在日常生活中的深入及产品的智能化发展，人们的日常生活方式与出行的关系愈加紧密。互联网与智能技术逐渐融合到出行工具中，而出行工具也由传统的单一运输工具向多元化的智能出行工具转变。智能化和网联化成为未来出行工具的发展趋势。当前，汽车工业的发展日益成熟，车辆技术不断突破，并形成与互联网、智能技术的结合。特别是纯电动汽车的发展迎来了新的机遇。我国汽车技术的发展，不仅体现在动力技术、新材料、整车制造、规划控制等方面，同时体现在人工智能、大数据、5G通信等方面。尤其是近年来，越来越多的汽车企业与互联网、智能软硬件等企业的跨界合作出现，如广汽与腾讯、上汽与阿里等，更是促进了出行工具的多维度发展。未来，汽车将以用户为中心，打造安全、舒适的驾乘环境，并通过与数字生活集成，实现出行新体验，为用户提供情感、喜好等方面的新体验。纯电动汽车的自动驾驶技术不仅丰富了用户的出行选择，也成为当前出行过程中人与车辆最直接有效的沟通手段。而5G技术的成熟，为车联网发展提供了多维度的支撑，其低延迟、高密度、高可靠性等优势促使车联网技术迈上新的台阶。全面对接智能驾驶与互联生态的高度普及化，在5G基础设施建设、汽车电子普及、电动汽车快速发展的三大基础上，车联网及车路协同成为汽车发展的大势所趋。

（2）共享出行

智能网联和移动支付技术不断完善，加之消费升级引发的出行需求难以满足，共享经济呈现出高速增长趋势，而出行成为共享经济的先行领域之一。基于互联网技术平台的汽车共享，分离了车辆的拥有权和使用权，提高了资源的利用率，车辆的共享集合了智能驾驶、辅助驾驶、导航定位、安全防护、生活服务等多个系统，通过传感、通信、识别等感知外部环境，提高出行的安全性。

出行工具基于工业化互联网系统，使得座位、车型等车辆信息实现共享，用户根据车辆共享信息选择所需的共享出行服务，实现空间定制化、私人定制化共享、市场个性化，定制生产相关配置出行模块。而随着无人驾驶被引入共享出行市场，车辆间信息交互以平衡车速，省去了出行过程的人工服务依赖，极大地提高了老人、儿童等弱势群体的出行动机。同时，工业互联网实现对不同车型与用户消费信息的匹配，能够针对细分的消费信息进行私人订制，实现商务、娱乐等多需求的共享出行。

人工智能技术下的共享出行：大数据的智能判断、识别等人工智能技术，对出行领域具备强大的渗透力。人工智能技术事先整合并处理用户出行需求与出行平台的相关信息，大幅降低不必要的时间、劳动等成本消耗。共享出行活动则围绕用户需求和用户体验展开，利用智能客户端及时满足用户场景化的出行需求。同时，将已积累的历史出行信息与新的出行需求结合，以更高效、大规模的匹配用户出行信息，实现智慧出行、自由出行。

5G网络技术下的共享出行：5G网络系统的出现使共享出行更加多样化、层次化。5G技术快速的信息处理特性，可以在信息网络中高效实现市场出行信息的分类，对不同需求信息归类处理，实时调配车辆、平衡车辆地区的密度，并结合无人车技术，由出行平台根据用户出行需求定位用户，实现共享自由出行、提高出行效率、完善用户体验。智能匹配和车联交互的结合，使得消费者在出行选择中更具选择权，实现自由选择共享出行工具。

（3）环保出行

为了减轻环境压力及倡导环保政策，城市出行更多采用智能新能源汽车代替传统燃油汽车，以实现智能绿色出行。随着互联网技术的快速发展，汽车网联化、智能化的发展成为必然趋势，而智能汽车能给予用户更优质的品质体验，纯电驱动的智能汽车，更加节能环保，较传统燃油汽车具有更好的发展前景。

3. 出行场景的多样化

（1）场景的概念

场景的概念最早出现在电影、戏剧、诗歌、绘画等艺术作品中。场景规定了艺术作品中情节展开的具体时间及环境，为情节的呈现和主体的行为提供了背景。虽然艺术形式的推进使场景不断变化，但人物与场景的关系依旧主要有两种：场景中的活动及场景之外的观察。在现实生活中，场景指的是人与周围环境的关系总和，既包括环境和主体等硬要素，也包括空间及氛围等软要素。场景中的元素相互关联，相同元素通常相互组合并增强场景的特征，而不同元素的组合所引发的矛盾才是产生戏剧性效果的根源。

随着时代的发展，场景的概念逐渐被重视，场景的概念不再局限于电影与戏剧领域，而逐渐被社会学、心理学与行为学等多种学科及领域引入，并不断深化扩展。场景概念已从原本纯粹的行为空间载体转化为描述人与周围环境之间关系的总和。例如在出行系统中，当出行平台作为人的直接场景时，人与出行工具的关系；当人与多元化出行平台结合时，人与周围环境的关系；当出行工具与客观环境结合时，人与出行系统的关系。

（2）场景的构成

在建筑学中，场景的构成因素有三类：非固定特征因素、固定特征因素以及半固定特征因素。人是场景中的非固定特征因素，其认知及心理特征直接通过行为转化作用于场景，无论是具体的语言、动作等主观行为，还是价值观、规则制度等客观约束，对场景的形成和变化都有重要影响。固定特征因素是构成场景中长时间内不产生或产生微小变化的硬件，基本上呈现稳定状态。而半固定特征因素则是能够快速改变的陈设，如不同出行需求下出行工具内的布局。人的不同行为展开于不同的体验场景，规定了不同场景的物质要求，同时形成了特殊的文化氛围，这种场景的个性体验又影响着人的行为方式，以及下一步行为的内容和发展路径。人在出行的过程中，不同的体验需求展开于不同的场景条件下，要求出行平台对应不同的场景需求布局。而人在对应的场景布局中，行使其出行体验的时候，获得的不仅仅是客观场景的满足，同时在需求与满足需求的场景匹配下，还进一步无意识地引导用户的下一步活动。

（3）出行场景

随着汽车的大规模普及，汽车与人们日常活动的关系越来越紧密，已经成为日常各种出行场景中不可或缺的产品。而汽车的内饰作为与用户体验直接关联的空间，在出行场景不断细分下，逐渐变得更加多元化，内饰的设计不断地被改进，以满足人们在新的出行场景下快速更新的出行体验需求。汽车的发明实现了人们长距离出行方式的转变，但在此之后，百年的汽车工业发展，无论发生了多少更新换代，也无论汽车行驶距离如何增加，都始终局限在移动这一功能应用领域。伴随着其他长距离交通工具的发展，尤其是高速火车、民航客机、地铁以及共享单车等公共交通工具的发展，短、中、长距离公共交通工具的无缝对接，正改变着人们的交通出行方式，加之交通空间的拥挤，迫使人们重新审视自己的交通方式和生活场景，重新思考汽车在生活中应用的定义。汽车将不仅作为一种个人出行工具存在，也逐渐在技术的进步下被打造成为生活的第二空间。

随着技术的突破，新的能源形式被运用到汽车设计中，影响了汽车的动力、结构、空间配置和造型设计。汽车逐渐朝着电子化方向发展，并出现了由中央主控制单元实现车辆控制的新设计理念。汽车传统的车身结构、重量配比、空间布局被打破，使造型的多样化成为可能，车内空间的界限被打破，出行过程可实现多种场景需求。在当前的出行场景中，主要有驾驶场景及拥有场景两种，驾驶场景即主动驾驶的驾乘体验场景，拥有场景即无人驾驶下的出行体验场景。用户主动驾驶发展历史悠久，使汽车内部空间形成了成熟固定的布局及交互模式，而无人驾驶场景下的出行工具，满足了不同的出行活动体验，同时实现了主动驾驶感官刺激体验和无人驾驶休闲体验的切换。而无人驾驶解放了用户，并提高了汽车的稳定性和安全性，使出行的场景更加丰富多元，出行过程中可在车内进行娱乐、工作、休息、社交等活动。

电动化提高了汽车内部空间的设计自由度，自动驾驶为汽车内部不同体验场景布局提供了条件，而智能化及网联化又提高了汽车交互的效率。因此，未来汽车的出行场景将更加细化、多样且开放，更强调服务和体验。未来汽车将作为"移动的空间"，扮演人们的第二起居室、第二生活空间、第二办公空间、第二娱乐空间等角色。

4.2 出行变化对纯电动汽车内外饰设计的影响

汽车诞生之初，人们对它的要求仅仅是代替马车实现载人移动功能，彼时"汽车"的概念还未形成。随着动力技术、遮蔽的基本功能及道路条件不断提升并完善，汽车才有了现今的模样。但此时的汽车依旧仅满足移动刚需、车辆的基本操作及对乘员的遮蔽需求。随着动力的不断提升、风阻的不断优化及内饰舒适性的提高，汽车的结构及造型变得更加科学合理，逐渐有了现在的特征。汽车的大体结构及比例特征逐渐稳定下来。在不同时代背景下，汽车外观各种各样的造型风格显现出来，逐渐形成了自身的审美体系，更多强调的是一种雕塑美感。随着能源及环境污染问题逐渐被关注，汽车的动力源也开始发生变化，开始采用多种替代能源，不再局限于燃油。纯电动汽车的结构和比例相比传统燃油汽车极大简化，零部件及乘员布局更加灵活。在传统燃油汽车造型不断同质化的情况下，纯电动汽车的外观遵循由内而外的设计原则，形态多样且造型更加简洁。在智能技术、互联网、自动驾驶技术的普及及当今出行体验诉求的双重作用下，纯电动汽车不再纯粹地扮演出行工具的角色，还承载着移动办公、休闲娱乐等功能。图4-1所示为汽车形式的变化。

移动雕塑	造型	性能	动力	传统燃油汽车
功能造型	空间	续驶里程	能源	纯电动汽车
移动空间	体验	布局	场景	智能出行

图4-1 汽车形式的变化

1. 传统燃油汽车的设计特征

汽车造型设计的发展是一个复杂的过程，受多方面影响，包含工程技术、艺术发展、审美变化的因素。人们生活习惯的变化与出行方式的发展对汽车造型设计也产生了一定影响。内燃机出现之后，"汽车"的概念逐渐产生。汽车出现初期主要以解决出行问题为主要功能，仅作为载人载货移动的一种机器。随着内燃机技术的不断进步及公路的修建，人们对更长距离出行的需求得到满足，并开始追求行驶速度。为了提高汽车的性能，内燃机的功率及体积越来越大，发动机舱变得越来越长。内燃机功率的提升在很大程度上提高了汽车的行驶速度，但是车身造型的风阻问题依旧是影响车速的主要因素之一，尤其是能源危机后，人们开始意识到减小车身空气阻力的重要性，于是出现了与空气动力学相关的各种车身造型。为了降低空气阻力，20世纪70年代，汽车车身基本呈现平直、扁平的造型特征。风阻问题基本被解决后，随着审美的变化，汽车车身曲面又开始变得更为圆润饱满，导致汽车造型设计变得越来越趋同。20世纪90年代后期，新锋锐风格诞生之后，汽车的型面变化更加剧烈复杂。

21世纪后，人们更加注重汽车造型本身的雕塑美感，如马自达、雷克萨斯等品牌在设计中都开始了对车辆本身内在原型的探索，各个品牌的造型语言变得越来越强烈，汽车的造型风格更运动、个性，曲面处理更为复杂。这个时期的汽车造型设计强调的是一种移动雕塑感，更加注重形式美感。图4-2所示为传统燃油汽车外观造型的主要特征。

受动力系统限制，传统燃油汽车的内饰硬件布局及乘员布局长期固定，如图4-3所示。内燃机在车身布置中占用了很大空间，在当前主流的乘用车中还须单独为其设置硕大的发动机舱及复杂的冷却系统。在大多数前置后驱的车型中，

图4-2 传统燃油汽车外观造型的主要特征

图4-3 传统燃油汽车内饰的结构特征

内燃机的动力传输还需要借助变速器、传动轴、差速器等一系列机械部件，限制了汽车内饰布局的多样化。尤其是受变速器及传动轴的影响，内饰前排左右驾乘人员往往被中控系统隔开，同时前排空间减小，形成"T"形的结构布局。传动轴几乎贯穿整个底盘，并从内饰地板中间凸起，进一步将内饰空间左右分开，造成地板的不平整，这一因素也限制了后排座椅的布局。

2. 纯电动汽车的设计特征

纯电动汽车相对传统燃油汽车布局有很大差异，其结构影响了车身原始的外观比例关系及内部布局。机械结构上的突破及操作的智能化，使得纯电动汽车更加贴近一般的生活用品，在造型上也开始大量借鉴一般电子产品的设计语言，逐渐成为一种具有移动功能的高端智能电子产品。但纯电动汽车设计探索之初，仍是基于传统燃油汽车，并以各种过渡风格、跨界风格的造型为主。

纯电动汽车从造型语言到整体比例，从零部件到整车结构方面，开始尝试新的设计方法，以一种具有电动化特征的新设计语言，来表达其独有的设计理念，如图4-4所示。同时，为突出节能环保的概念，外造型语言更具指向性，如马自达"清"、雪铁龙Evolte等车型。在细节方面，许多纯电动概念车外观零部

图4-4 纯电动汽车外观造型的主要特征

件采用蓝色和绿色，以表达节能环保及新科技的特征，同时也积极向其他领域借鉴设计符号、文化符号，形成了跨界融合风格。

纯电动汽车用驱动电机代替了传统燃油汽车硕大的内燃机，动力系统的变化主要影响车辆的两个方面：一方面是动力系统本身的布局，纯电动汽车原始的发动机舱被弱化或直接取消，前排乘员布局及控制台前移，乘员活动空间变大；另一方面是动力相关的冷却、传动等结构的变化，其中，变速器及传动轴的取消改变了乘员左右分割的格局，前排空间左右打通，硬件布局由原来的"T"形变为"一"形，内饰的地板也变得更加平整。纯电动汽车结构的简化及空间布局的完整性，打破了内饰乘员布局及硬件布置的传统模式，车内成为可实现多样化布局的移动空间。图4-5所示为纯电动汽车内饰结构的主要特征。

图4-5 纯电动汽车内饰结构的主要特征

3. 去"车"化的移动空间

网联化、智能化及大数据结合是纯电动汽车发展的重要支撑，提升了其安全性、舒适性，改进了人与车之间的交互方式和车与车之间的信息交换效率。汽车的结构、布局、功能等都在不断地发生变化，汽车与出行环境、用户及其他相关设施的关系越来越紧密，甚至是人们的日常生活也逐渐延续到出行中。而移动互联网的发展，尤其是5G技术的成熟，更加强了汽车与其他设施和设备的关系，更好地保障了多元化的出行体验。在智能网联的发展浪潮下，纯电动汽车通过云计算、自动控制等先进技术，将环境感知、路径规划、辅助驾驶等功能集成，实现人、车、道路、云端等信息的智能化交换及共享，并在网联的基础上实现车内外信息的交换，改善了用户与车外环境之间的交流关系。

近年来汽车造型的发展趋势显示，智能纯电动汽车造型更加简洁，没有特别明显的特征线。智能纯电动汽车更多采用OLED曲面屏或投影模块，强调车与驾驶人之间的匹配度，准确掌握车的行驶状态，快速高效地向出行系统反馈信息。传统燃油汽车除与驾驶直接相关的操作部件外，多以空调、音响系统为主，操作主要通过物理按键实现，用户与车机系统直接用"按"或者"旋转"的动作进行交互。智能纯电动汽车的车机系统整合了传统功能，并搭载体感交互系统，通过大数据分析掌握用户的使用习惯。如图4-6所示，智能纯电动汽车内饰在空间布局上较传统燃油汽车有显著优势，仪表系统和中控设备被触控显示系统代替，内饰的风格也更倾向简约智能的室内设计风格，使内饰成为更加舒适自由的私密空间。汽车逐渐成为人们日常生活中不可或缺的部分，它不仅是运载工具，更是一个集娱乐、社交、休闲于一体的开放移动空间。

图4-6　智能纯电动汽车多样化的内饰空间设计

4.3　场景体验多样化对纯电动汽车内外饰设计的影响

纯电动汽车设计的发展使得人们的生活延续至出行中，日常出行更加生活化，纯电动汽车所扮演的角色也受到当前人们生活方式及生活节奏的直接影响。消费升级及日常生活场景化，使出行工具对应不同的出行场景需求而进行布局细分。同时，纯电动汽车为人们出行生活带来的优越体验，反过来进一步刺激了人们对纯电动汽车设计的要求，纯电动汽车的设计也开始逐渐考虑场景化的出行服务，这本质上是用户体验的升级。纯电动汽车提供的服务基于其结构的变化、智能技术的应用、用户消费升级及出行体验驱动而变化。其中，动力系统引起的结构变化，是纯电动汽车与传统燃油汽车布局差异的基础因素。同时，场景化布局的实现及出行体验质量的提升又得益于自动驾驶、智能交互等智能技术的应用。纯电动汽车较传统燃油汽车实现不同出行场景下的布局更加灵活，而传统燃油汽车大多情况下是基于固定的结构或类型改装，不利于出行场景多样化的发展。例如在商务办公、娱乐休闲、起居休憩等场景下，传统燃油汽车布局通常更多会采用直接增大车身的体积，或选择不同的车型来实现场景化的个性需求，主要为大型MPV或厢式客车等车型。而纯电动汽车在空间及结构上对实现不同的场景布局具有先天的优势，如图4-7所示。

图4-7 不同场景下传统燃油汽车与纯电动汽车的布局特征

1. 办公场景下传统燃油汽车与纯电动汽车内外饰对比分析

（1）外饰

在传统燃油汽车基础上发展而来的车型，其体量更大，如凯迪拉克凯雷德、别克GL8，如图4-8所示。在传统燃油汽车中实现办公场景布局，多通过直接增大车身的体量来满足空间的需求，车身高度更高、后悬更长，整车的轴距相对变短，稳定性降低，且在视觉上更加厚重。由于传统燃油汽车结构固定，满足办公布局需求车型通常会选择大型SUV甚至是MPV，这导致了不同场景布局的车辆之间的同质化。而办公布局需求下的纯电动汽车，其有效性空间相对更加充裕，以驱动电机取代内燃机，使发动机舱弱化，同时轴距变长，在车身总体量不变的情况下，车内空间的可利用性会增加，而整车的稳定性也会提高，如荣威Vision I，尤其是CP点的消失，在最大程度上将车身前部的空间利用起来，如奔驰F015，相对传统燃油汽车，其外观更加紧凑，在视觉上重心更低。

图4-8　传统燃油汽车凯迪拉克凯雷德、别克GL8与纯电动汽车荣威Vision I、奔驰F015的外观造型对比

（2）内饰

传统燃油汽车的内燃机及相关机构对整车空间造成了很大的影响，同时变速器及传动轴又降低了内饰空间的整体性。因此，在传统燃油汽车的基础上实现办公场景的布局，需要增大整车体量，以满足办公布局的空间需求。直接增加整车的体量虽然可以增大内部空间，但降低了空间利用率，车内空间的不平整问题依然存在，使传统燃油汽车的内饰布局更加烦琐，受结构限制，布局模式也相对固定，更易因内部结构性问题而妥协。如图4-9所示，在纯电动汽车内饰中，变速器和传动轴的取消不仅增加了空间的充裕性，还提高了空间的平整性，也使得办公场景的布局更加容易实施，并可实现更多其他不同形式的办公布局方案。纯电动汽车的内饰布局较传统燃油汽车更加简洁，一方面是传统燃油汽车的结构和造型在纯电动汽车中得到简化，另一方面是纯电动汽车实现了内饰布局与整车风格的统一。

图4-9 办公场景需求下传统燃油汽车与纯电动汽车的内部布局对比特征

2. 起居场景下传统燃油汽车与纯电动汽车内外饰对比分析

（1）外饰

起居场景下，汽车内部布局对空间灵活度要求更高。传统大型SUV、MPV无法满足这种情况下的布局需求，只能更进一步扩大整车的体量，使整车显得庞大无比。其布局模式仍基于大型传统燃油汽车，如奔驰V-Class，或者是妥协起居场景布局的体验及空间以控制车身的体积，如迈巴赫Ultimate。如图4-10所示，在外观上，起居场景下的纯电动汽车相比传统燃油汽车，在车身比例上发生了巨大变化，最明显的差异是CP点更加靠前，轴距更长，其空间利用率得到很大提升。例如，蔚来EVE的发动机舱几乎消失，仅在车头处安装一块类似扰流板的部件作前脸，前脸部位后面几乎全部用作内部空间。蔚来EVE是一个无人驾驶的移动生活空间，以"第二起居室"为设计理念，通过全景座舱、智能全息屏幕等交互技术，实现了车与环境、人与环境的融合，根据不同使用场景满足消费者的个性化需求。在空间利用率上，CP点前移至前轮位置时，可将内部空间利用率提高到极致，发动机舱的特征完全消失，汽车的外观比例及形态彻底改变，如Icona Nucleus，车身形态如同一个封闭的移动空间。Icona Nucleus秉承"少即多"的设计理念，采用单厢式车身结构，车门使用滑动与上翻的开启方式，方便乘客自由出入，车身上半部由大面积可透视材料组成，保证了车内的良好视野。

图4-10　传统燃油汽车奔驰V-Class、迈巴赫Ultimate与纯电动汽车蔚来EVE、Icona Nucleus的外观造型对比

（2）内饰

当前大部分起居场景下的汽车布局，依旧是在大型传统燃油汽车的基础上直接改装实现的，通过直接等比放大车身体量来满足空间需求，但本质上无法满足布局所需的条件。内饰的结构及空间特征依旧局限于传统模式，起居场景的布局仅仅是在原有的空间添置相关装置和家具来实现，其内饰体验没有发生太大变化。如图4-11所示，纯电动汽车内饰起居场景布局摆脱了传统燃油汽车结构及空间的束缚，其起居布局的实现，一方面依赖于空间及结构所提供的条件，另一方面取决于其定位变化。例如蔚来EVE作为"第二起居室"，设计之初

便已将性质定位至"车"以外，内饰更是打破了传统的布局模式，采用环抱式的设计，并配备了折叠桌板和可基本放平的座椅，为乘客提供舒适的休息空间。又如 Icona Nucleus，搭载完全自动驾驶系统，取消了方向盘、加速/制动踏板和仪表板，车内配备一张小桌和一个小吧台，前排和后排各有一个大座椅和一个小桌子，座椅可灵活调节组成一个中央沙发，侧面的桌台可以收缩，便于在起居和休闲模式之间随时转换，车内座椅的布局摆脱了传统的固定朝向，布局变化的本质是乘客之间沟通方式的变化。

3. 娱乐场景下传统燃油汽车与纯电动汽车内外饰对比分析

（1）外饰

传统燃油汽车的娱乐场景布局实施，通常是通过加装额外的娱乐设备来实现的，其车型单一，外观与其他场景布局下的传统燃油汽车几乎无任何差异。如图 4-12 所示，娱乐场景布局的纯电动汽车，其结构本身的优势可更好地实现与娱乐系统及相关布局的匹配，车辆本身可成为一种带有娱乐系统的移动电子

图 4-11　起居场景需求下传统燃油汽车与纯电动汽车的内饰布局对比

产品，如奔驰 Vision Tokyo，其车身比例、姿态与传统燃油汽车相比差异化更加明显，电子化特征也更加突出。

图 4-12 传统燃油汽车奔驰斯宾特与纯电动汽车奔驰 Vision Tokyo 的外观造型对比

（2）内饰

如图 4-13 所示，相比传统燃油汽车基础上改装而来的娱乐需求布局，纯电动汽车的娱乐系统布置更加简洁自由。车身结构的变化降低了布局的局限性，为娱乐场景布局的实施提供了全新条件，也使娱乐系统得以在新的结构和布局中整合。例如奔驰 Vision Tokyo，其内部布局采用环抱式的围坐形式，乘客可利用车内的触控屏与全息娱乐系统互动。它同时搭载智能自动驾驶系统，提高了车辆的主动安全性，也可由自动驾驶模式切换至人工驾驶模式，此时驾驶座椅及方向盘会移动到指定位置。

图 4-13 娱乐场景需求下传统燃油汽车与纯电动汽车的内饰布局对比

小结

从用户需求角度看，尽管市场上已有针对多种出行需求（办公、起居、商务会议、娱乐等）布局的传统燃油汽车，但其固定的动力总成在很大程度上限制了布局的多样化，基本上是在固定的车型上直接改装而来，在不同使用场景下的布局形式单一，外观上也基本继承原来车型的特征。为满足不同的布局需求，消费者通常会选择体量更大的车型来妥协内部布局空间，导致其车型单一化，空间利用率较低，且增加了设计难度。同时，为补偿这种大型车辆的动力性能，在一定程度上又增加了发动机对车内空间的占用，动力对空间的进一步占用与有效的布局空间减小形成一个矛盾循环。纯电动汽车以驱动电机代替了内燃机，相关传动机构也随之消失，内饰空间变得更加平整，大大降低了内饰硬件及乘员多样化布局的限制。纯电动汽车的外观造型设计特征更加贴近内饰布局需求，设计更具指向性，其特征意义更加清晰。内饰布局，尤其是乘员布局的差异性，赋予纯电动汽车丰富多样的造型比例。摆脱传统燃油汽车固定的结构限制后，纯电动汽车在不同的出行场景下，更能充分地通过外观特征，灵活明确地表现其内部布局的需求倾向，使车辆内饰与外饰的联系更加紧密。

第 5 章
纯电动汽车内外饰设计的变化趋势

纯电动汽车设计发生的变化，不只是汽车技术发展的推动，也是当前多元化消费及生活方式在出行需求上的一种诉求。结构的变化彻底打破了汽车原来固有的内外形式，汽车的概念也在互联网发展、智能技术应用和快节奏生活方式的影响下发生了转变。出行体验需求的进一步升级，彻底改变了汽车原始的概念，汽车的分类及定义似乎也在逐渐模糊，汽车内外饰之间的关系也变得越来越复杂多样，内外之间的联系愈加紧密，如图5-1所示。汽车的设计方法开始由"由外而内"向"由内而外"转变，即随着汽车制造技术不断成熟及成本下降，其设计更多地以用户体验先行，工程服从需求，由原来强调外在形式美的"移动雕塑"，逐渐转变为强调出行体验的"移动空间"。

图5-1　纯电动汽车内外饰之间的影响原理

对比传统燃油汽车，纯电动汽车的外观造型更具有自身的独特性，且形式多样。纯电动汽车结构的变化，不仅解放了结构及内部空间的布局，同时在外观上也改变了原始比例，且形态更加灵活多样。纯电动汽车的型面特征更加纯粹，仅通过面的自然张力来表现，型面的特征线也仅通过大半径的弧面自然相交形成，较传统燃油汽车更富有逻辑性。由于动力源的变化，纯电动汽车的前后保险杠系统在很大程度上被简化，提高了整体感，外观造型更加简洁，这也是其与传统燃油汽车的一大区别。随着纯电动汽车的发展，新型发光元件、轮毂电机、车外电子摄像机等技术被广泛应用，尤其是新型发光元件的应用，增强了外观造型的形式感，车灯不仅更加艺术化，还拓展出照明以外的其他功能。

5.1 纯电动汽车外饰造型的变化趋势

1. 比例

纯电动汽车动力系统位置相较传统燃油汽车更自由。如图5-2所示，车身前部内燃机和变速器取消，内饰空间得以扩充，前后悬因此缩短。外观上，A柱前移或取消，前悬可以变得更短，传统的三厢结构变成两厢结构，或两厢结构变成一厢结构。驾驶人的视野也被扩大，但一般出于行人碰撞安全的考虑，A柱与水平向的夹角会变小，一方面保证前排人员远离前方碰撞部分，另一方面可以给车身降低风阻。例如，奔驰Vision EQS、雷克萨斯LF-30、奔驰2020 Vision Avtr、大众ID等车型都渐进变化出全新的车身构架。

图5-2 纯电动汽车的比例特征

2. 型面

纯电动汽车采用轮毂电机驱动时，可以将原来横向两轮之间的诸多机械机构省去，使横向空间得到充分利用，车轮之间的空间不必通过车轮横向距离扩大而扩充，轮包相对车身不再突兀，空气动力学性能得到改善，零部件在车身上的布置更加容易。纯电动汽车取消传动轴，取而代之的是硕大的动力电池包，这虽然使得内饰地面变得更加平整，但在一定程度上抬高了底盘之上的空间。如果充分利用地板上动力电池包所占的空间，车身侧面下部分在视觉上会显得更加敦厚，侧面型面也会变得更加细润。如图5-3所示，纯电动汽车造型风格较传统燃油汽车更加纯粹，其造型仅受结构和功能的影响而不做过多修饰，型面特征尽量遵循自然张力来表现，车身的特征线也仅遵循面与面的自然相交，如日产、奔驰等品牌车型的型面通过自然张力表现，极星、现代等品牌车型的型面为大半径曲面自然相交，本田、大众、广汽等品牌车型的型面呈极简风格。

3. 前后围

纯电动汽车没有内燃机，几乎不需要散热，也不需要排放气体，前格栅进气口及后保险杠的排气口可直接做封闭处理，如图5-4所示。前格栅做封闭处理后，在功能上最明显的变化是减小了车身的风阻，在一定程度上提高了续驶里程，并进一步降低了行驶噪声，此外，还可有效减少车身结构内的积尘。在造型上，前保险杠系统的设计不再局限于进气格栅的特征。进气格栅在一定程度上代表了车辆造型语言的家族基因。因此，纯电动汽车进气格栅的设计通常会做平面图形化处理，或者是直接取消。前围设计的限制更少，几乎不受工程结构的限制，格栅的图形化处理更加开放自由。同时，配合分件、分色及灯光技术，纯电动汽车的前围能呈现出全新的造型形式，彻底改变了传统进气格栅的极端化设计，使车辆外观更加简洁素雅。

4. 前后灯

纯电动汽车结构的变化及不同发光技术在车辆中的应用，为纯电动汽车外部照明带来了更多元的设计方式和视觉呈现形式，如图5-5所示。由于不受传统车灯体积及车身固定结构的限制，纯电动汽车的车灯可以设计得更加纤细，发光形状更加自由，甚至可进行平面化的图形设计。汽车灯光与智能技术、声音系统的结合，将灯光色彩和动态效果发挥得淋漓尽致。汽车灯光除了具有照明和艺术氛围营造功能外，还可实现信息图形及文字展示功能。

第 5 章　纯电动汽车内外饰设计的变化趋势

图5-3　纯电动汽车的型面特征

图5-4 纯电动汽车的前后围

图5-5 纯电动汽车的前后灯

5. 轮毂

轮毂作为汽车外观的点睛之处，其设计形式日益多样，包括平面化的几何分割、立体的材质分色、分件以及光电效果的应用。尤其是轮毂与轮胎的视觉融合关系，打破了传统的分离式设计，如图5-6所示。制动动能回收是纯电动汽车的典型特征。采用轮间电机驱动时，纯电动汽车的轮毂几乎无需散热，得以实现对轮毂的封闭处理，这一方面能降低风阻和行驶时的风噪，并在一定程度上节能和延长续驶里程；另一方面在设计上提升了轮毂与车身的整体感，增强了视觉协调性和连接性。这种创新设计的轮毂，更好地彰显了纯电动汽车的产品风格和特征。

图5-6 纯电动汽车的轮毂

6. 其他

电子摄像装置代替传统光学后视镜，使车辆的外观进一步简化。电子摄像装置的设计更加小巧紧凑，可减小车辆行驶时的风阻，并在一定程度上增加续驶里程。当采用广角镜头时，不仅使得后向视野更宽广，还可展现更多细节。此外，车外信息通过屏幕显示时，还可降低车外环境光的影响，避免眩晕，提高行车的安全性。电子摄像装置可避免雨雪干扰，在夜间也可清晰呈现车外环境影像，从而使不同气象及光照条件下的行车更为安全。如果将后视影像输入抬头显示器（HUD），则可帮助驾驶人更好地观察车辆两侧的情况。奥迪e-tron和雷克萨斯ES是较早采用电子摄像装置代替光学后视镜的量产车型。

纯电动汽车外造型的另一个重要部件是车门外拉手，如图5-7所示。在纯电动汽车中，车门外拉手通常会做隐藏式处理，在电控系统的控制下，可自动弹出和收回，使车身更加简洁，同时也有助于降低风阻。采用这一设计的典型车型有特斯拉 Model 3、小鹏 P7、蔚来 ES8 等。

图 5-7　纯电动汽车的后视镜与车门外拉手

5.2　纯电动汽车内饰布局的变化趋势

内饰系统是纯电动汽车的重要组成部分，是基于用户体验的设计集合，是服务系统的表达。内饰作为服务设计的物质性载体，其硬件变化也表现了用户的体验变化。内饰并不是一个固有不变的清晰概念，它既是一种实体的产品概念，又是一种空间上的架构概念。从汽车内饰的空间形式上讲，造型必然存在于一定的空间中，汽车内饰设计本质上是一种空间的设计。在纯电动汽车布局空间发生变化的同时，车身以外的其他相关技术也在围绕着空间不断发展，如体感交互技术、触控技术、智能表面技术。这些新技术在内饰中的广泛应用，也使得内饰设计更加系统化，形成了智能座舱系统、移动居家系统。因此，当今用户对汽车所寄托的期待不仅在于驾驶，还越来越强调艺术性和体验感。未来汽车的角色属性将发生改变，汽车内外饰之间的界限也将越来越模糊。

1. 内饰布局的多样性

纯电动汽车结构、空间和零部件灵活布置的优势为多样化的内饰布局奠定了基础。智能技术的不断发展，促使内饰传统的交互方式不断被整合，如方向盘中央屏的出现及内饰的大屏化，集成了多功能按键、电子换档、电子驻车制动、触摸式按键等多种功能。功能整合简化后，功能区不再需要占用太多空间，前排结构及内饰功能件的简化使经典的"一"形布局在许多新车型内饰中重新出现，如图5-8所示。这种横向布局方式简洁明了，轻薄横向的布局设计在视觉上也使得车内空间更加开阔，活动的范围更大，可促进同排乘客的互动交流，同时也为可能出现的更多新型交互方式提供充足的发挥空间。

图5-8 纯电动汽车内饰"一"形布局

尽管车身结构发生了很大变化，但部分纯电动汽车内饰依旧保留主流的"T"形布局，如图5-9所示。不过，这种"T"形布局有别于传统燃油汽车布局模式，中控部位的结构做断开型处理，仅在形式上做"T"形连接。这种断开式

图5-9 纯电动汽车内饰"T"形布局

"T"形布局大概可以分为两种情况，上部为"一"形或"T"形。断开型布局本质上是在车辆结构变化下对前排中间空间的灵活应用，受其他驾驶相关的功能键影响。这种布局虽占用了前排中央通道的少量空间，但又为造型和车内的功能模块提供了很大的发挥空间，尤其是在各种新技术不断涌现，中控系统逐渐成为整个车内空间获取信息、控制其他系统以及娱乐功能的集中区的情况下。

2. 智能座舱与交互

随着智能电子设备的快速发展及出行的生活化，智能座舱概念应运而生。智能座舱是以服务驾驶人和乘客为核心的座舱系统，整合车内外信息，将驾驶系统、娱乐系统、车辆信息等都展示在一个数字屏内。网联技术使手机与数字屏共享影像信息，同时提供众多内容应用，包括全语音控制等一系列智能服务。通过各种智能技术的应用，满足不同人群多样化的出行需求，更加智能地洞察用户的需求。

智能座舱是智能屏幕交互与内饰的有机结合。车内人机交互方式从以物理按键、旋钮为主发展到触控屏，经历了长时间演变，以最自然、方便的交互方式实现车内复杂功能。得益于智能技术的快速发展，纯电动汽车的内饰交互方式也愈加丰富，语音及手势交互渐渐被广泛应用于内饰设计中。语音和手势交互比传统点选按钮的交互方式更安全，更有利于提高用户体验满意度，语音和体感交互或将成为未来纯电动汽车内饰交互的主要方向。语音技术也是车辆内饰交互的重要切入点，语音交互的应用提高了驾驶过程中的安全性、便捷性及情感化。除了对驾驶、娱乐及行车过程中的其他操作有辅助作用外，还可通过收集用户特有的声音及身份数据，为用户提供更加精准的服务。手势交互在电动汽车内饰中的应用潜力大，操作简单便捷，显著提升了驾驶的安全性和操作乐趣。结合面部识别等先进技术，可更好地实现纯电动汽车座舱系统的智能化。面部识别技术可识别用户情绪甚至是精神状态，为用户提供个性化服务，应用价值更大、前景更广。多种交互方式融合是未来智能座舱系统的主要发展方向。

自动驾驶系统也是智能座舱系统的一部分，两者并不割裂，高度集成。智能网联及自动驾驶技术的融合，或将产生全新的出行生态圈。自动驾驶技术的应用解放了驾驶人，也使得智能网联服务的体验得到更好发展。多场景的应用及出行体验模式的不断丰富，使得驾驶、娱乐、办公、居家、商务等不同场景下的布局可在纯电动汽车上灵活实现。座舱正变得越来越智能，信息显示更加丰富且清晰，通过车联网技术，可以根据场景和用户需求来显示具体信息。纯电动汽车的发展速度非常快，各类功能正快速拓展和集成。

5.3 未来出行方式与出行工具内外饰设计案例分析

在汽车技术发展和出行需求变化等影响下，汽车的产品属性正在发生更大变化。汽车开始由独立的机械产品向联网的软件驱动平台型产品转化。自动驾驶进一步简化了汽车内饰的物理结构，带来更多的自由空间和设计可能。自动驾驶汽车的电气化底盘结合成熟自动驾驶算法，提升了行驶的安全性，为乘员带来更加平稳的出行体验。而智能网联技术的发展加速了出行系统的重构，使出行从独立的个体逐渐变为有机的整体。汽车产业生态也从"整机+零部件"的传统方式向"平台+终端"转化，实现终端更加智能化的体验服务。车辆软件化进程的快速发展，为出行体验创造了无限可能，人、车、环境之间的互动，出行工具的调动和出行效率显著提升。自动驾驶技术与车联网技术重构交通系统，使出行成为智能化、自动化、网联化的有机整体，为将来出行的场景化打开了大门。在硬件技术、智能技术及互联网基础设施系统化发展的基础上，移动出行场景更加多样化。

1. 沃尔沃360C

沃尔沃360C是一款纯电动自动驾驶概念出行工具，融合了智能互联和安全管理等理念，展现了未来出行场景的多样性，突出了出行"去车化"的趋势，如图5-10所示。随着内燃机的取消，车辆借助前后两台电机实现全时四驱模式。自动驾驶的应用，使车内的方向盘、中控台等部件消失，解放了驾驶人，内部空间进一步释放。车内布局完全放弃传统的两排五座模式，实现时间和空间的高度自由化利用。动力电池包安置在底盘上，车身姿态更低，行驶的稳定性提高。沃尔沃360C涵盖起居、办公、娱乐和休息四个应用场景，真正实现了"移动空间"，展示了智能出行时代更具情感化、居家化、以人为本的需求，体现了汽车"由内而外"的设计理念变化。

图 5-10　沃尔沃360C的外观特征

（1）内饰

为了实现车内更加灵活多变的布局，以满足不同的场景需求，车身外观设计呈现方盒子的形式，在更大程度上将内部空间利用起来。自动驾驶技术应用之后，传统仪表板被抬头显示器代替，转向柱也被省去，空间真正开放起来。车内布局可实现日常居家办公、商务社交、休闲学习、起居等用途。在车辆行驶过程中，乘员在车内可开展多样的活动，诠释了未来纯电动汽车作为出行工具的又一次进化。

休闲学习：沃尔沃360C的内饰设计模糊了传统驾驶舱的概念，如图5-11所示。在休闲学习的出行场景下，车内中间安置有一个简单的桌板，打破了传统燃油汽车以座椅为主的内饰布局，除了满足乘员"乘坐"需求外，还为乘员的休闲、学习等活动提供了条件。透明的玻璃驾驶舱盖增加了对自然光的采光量，最大程度还原了原始休闲学习的空间氛围。智能技术使门内饰板取消了原来繁杂的车门操作按钮，表面更加简洁亲和。当门内传统的机械结构简化后，门内饰板可被开发出更多其他实用性用途，如更大的收纳空间及脚步活动空间。后排座椅的造型及表面处理摆脱了传统汽车座椅的造型形式及质感，座椅的设计采用简洁的块状几何体形式，颜色突出洁净明快的氛围，并简化车内相关复杂功能，将其设置在操作简易的控制面板内。

图5-11　沃尔沃360C"休闲学习"场景的内饰布局特征

睡眠模式：沃尔沃360C采用了MPV式的设计，但又区别于传统MPV。在中短距离出行过程中，车内可实现睡眠模式的布局，宽敞的空间以及平整的地板，可轻松布置床榻及储物箱。为了保证睡眠场景下的安全性和体验质量，沃尔沃还研究了指向未来的安全技术以及不同乘员位置的安全性。在睡眠布局中研发出一种新型约束系统，它像三点式安全带一样工作，但不局限于坐姿，可以根据乘员躺卧或完全平躺的状态实现安全约束。与传统安全带的使用方式一样，乘员躺下需要盖上"安全毯子"，遇到碰撞事故之后，毯子自动快速收紧，将乘员身体紧紧固定住，避免因惯性造成二次伤害。在顾及睡眠布局模式、自动驾驶及安全的条件下，乘员上车之后仅需设定目的地即可，路线规划以及避让障碍物等操作由自动驾驶系统完成，实现与众不同的出行服务体验，使汽车类似一种移动的"头等舱"。图5-12所示为沃尔沃360C内饰布局的多样化特征。

图5-12　沃尔沃360C内饰布局的多样化特征

（2）外饰

比例：沃尔沃360C的两台驱动电机分别布置在前后轴上，可实现四轮驱动。如图5-13所示，沃尔沃360C可轻松实现负前后悬，轴距相对变得更长，内部空间在最大程度上被释放出来，为车内创造了良好的布局条件。同时，车身的平稳性无论在视觉上还是结构上都大幅提高。由于轴距增长，外观上为平衡车轮与轴距的比例，将车轮半径设计得更大。

图5-13　沃尔沃360C的比例关系与姿态

姿态：沃尔沃360C的动力电池包安置在底盘中，保证了车内地板的平整性，并将车辆的重心平衡至全局更靠近中央的位置。动力电池包的布置方式增加了地板厚度，为保证内部垂向空间不受影响，底盘变得更厚，离地间隙更小。轴距和轮毂半径的增大，使整车呈现出更低趴的姿态。车身平直的特征线与几何型面的结合，进一步强化了视觉上的平稳感。

型面：沃尔沃360C的型面表达更纯粹简洁，外观造型更注重逻辑性，如图5-14所示。车辆的腰线，通过简洁的两块面自然相交形成一条平直的特征线，特征线仅微微向前降低，突出车身前后的指向性。为了扩大由内而外的视野，采用全玻璃驾驶舱盖，舱盖型面简洁纯粹。前后轮包的表面几乎不做任何型面上的转折和修饰，尽量弱化曲面的曲率，突出车辆的简洁风格。轮包与侧面的衔接，仅通过有逻辑性的自然相交实现，再通过均匀的倒角来加强两个元素的关联。侧裙和轮眉的处理，以一块曲率较小的曲面与轮包面、侧面直接相交，借助轮包与侧面的关系，通过侧裙的相交来产生侧裙特征线，使轮眉和裙线在侧面较大的基础面上联系起来，将曲面的简洁风格发挥到极致，突出其产品化的特征。

前后保险杠系统：沃尔沃360C取消了散热格栅及排气系统，原格栅通过大曲面包裹处理，传统燃油汽车标志性的格栅消失。车身外观在一定程度上摆脱了原始造型的繁复油腻，同时避免了同质化的设计特征。车身原始的"前脸"被升华至驾驶舱盖，前脸及尾部仅以少量的文字和标志点缀，更加突出了"去车化"纯电动汽车的产品特征。沃尔沃360C前后保险杠系统造型的处理十分简洁，车身前部原发动机舱盖的型面及溜背的曲面，与轮包面直接相交，形成一个渐消的几何特征，如图5-15所示。但考虑到安全因素，前围垂直的端面与原发动机舱盖相交产生的棱线经过大倒角减小到车灯处。前后围通过平面分件来淡化单调感。整个保险杠系统的层次处理，几乎仅通过大半径曲面的自然切割来实现。

图5-14 沃尔沃360C的型面特征

图5-15　沃尔沃360C的前后保险杠系统

车灯：沃尔沃360C的车灯摆脱了传统立体形式，显得更加平面化，车灯的几何形式也更加简洁，如图5-16所示。细长的条形灯带贯穿整个车头，在左右两端保留了"维京之斧"的造型。尾灯的造型与前照灯呼应，品牌标志采用背光设计，仅通过灯光突出其剪影。

图5-16　沃尔沃360C的车灯

2. MINI Vision Urbanaut

宝马旗下MINI品牌基于自动驾驶技术的纯电动概念车MINI Vision Urbanaut，如图5-17所示。其概念旨在将资源的利用高效化，不仅最大化利用车辆的结构空间，还着力减少外观和内饰设计中的部件数量，实现单一零件的多功能化，如仪表板和沙发床等部件实现一物两用。此外，车辆本身也具有多重角色。

图5-17　MINI Vision Urbanaut

（1）内饰

内部布局：如图5-18所示，MINI Vision Urbanaut具有极为灵活的乘员布局空间，单体积的外造型更有助于提高内部空间的利用率。车辆仅通过一个大型滑动侧门实现乘员的出入，同时内饰中央部分采用开放式设计，可确保乘员快速进入所有座椅区域。前排可实现自由旋转，以应对不同的布局模式，并保证车内空间的宽敞度。而宽大的后排座椅靠背可以折叠调节，以满足不同的场景需求。用户界面和交互设计相对传统燃油汽车发生了变化，信息控制中枢从前排转移到整车中央区域，由织物包覆的后排座椅上方设置有环幕，以极简的触控方式取代了传统的开关和按钮。驾驶舱后排空间采用暗色调，并配有LED背景氛围灯，保持全时在线的同时，创造了简约舒适的空间体验。当车辆不纯粹提供移动功能时，仪表板可以向下收起，原驾驶人的位置变成了舒适的座位角。除此之外，风窗玻璃可以向上打开作为通风天窗，从而形成一种类似街道阳台的氛围，增强了与周围环境的互动，并创造了更加宽敞的空间体验。驾驶舱体现了可持续发展理念，整个造型采用可回收材料，且不含铬和皮革。其余部分采用纺织品装饰，方向盘和地板采用软木材质，使车内体验更接近自然环境。

在自动驾驶技术的应用下，MINI Vision Urbanaut提供了休息、沉浸、娱乐等不同场景体验模式。车内中央专门设计的桌面卡槽中安置有"MINI令牌"，可激活预设的三种布局模式。乘员可选择自己喜欢的香氛、氛围灯、音乐等，创造自定义的体验模式，并将其储存为预设，满足个性化体验需求。

休闲模式：如图5-19所示，车辆静止时，原驾驶舱将变成休息室，仪表板被放低，在前排座椅后方可创建沙发床区域。同时，后排座椅上方以绿色森林为主题启动环幕氛围灯，并可调光。圆形仪表板可折叠成一盏台灯，原显示器和开关被隐去，淡化汽车本身的机械特征，以营造放松模式下轻松惬意的内饰

图5-18　MINI Vision Urbanaut内饰布局　　图5-19　MINI Vision Urbanaut"休闲"场景下的布局特征

环境氛围，并充分展现一物多用的理念。前排座椅被设计成可旋转式，而后排的长凳式座椅则可向不同方向展开。车内后部织物覆盖的拱门延伸至座椅，并辅以LED氛围灯，形成了一个舒适灵活的布局模式，轻松实现传统驾驶布局与新布局之间的切换。前风窗玻璃可向上打开，连通车内与车外的环境，形成具有居家特征的汽车阳台。而在对面入口的一侧，小巧的集成桌板是互动的核心区域，桌上的植物摆设，更是营造出温馨的装饰感。

社交模式：如图5-20所示，MINI Vision Urbanaut旨在提供一个更具交互性的环境，内部为出行提供了理想的社交条件，向人们及周围环境展现了其空间设计的包容性，实现团体互动的体验，使出行活动成为一种社交活动。车辆的侧门打开并将前风窗折叠起来，可形成一个团体互动的开放平台，模糊了车内与外部环境之间的界限。车内设置有中央会议中心，中央圆形部件则成为媒体控制中心，图形均衡器可随着音乐移动，使相应的音频波动画面被投射到后排座椅上方的环幕、前后车轮及织物表面上，营造出愉快的俱乐部氛围。

人工驾驶模式：如图5-21所示，只需轻触车辆中央的"MINI令牌"便可实现人工驾驶的特征性布局，方向盘和加速/制动踏板会自动推出，原来被折叠起来作为氛围灯的仪表板自动展开。驾驶过程中，圆形仪表板上极简的用户界面会动态显示行程、路线、旅行地点和到达时间等信息。在人工驾驶模式下，仪表系统不显示与驾驶无关的内容，保证驾乘体验的纯粹性。而当车辆的控制权移交给自动驾驶系统时，方向盘和加速/制动踏板被隐藏，驾驶相关信息从仪表板上消失，同时仪表板收回，后座环幕以橙色和绿松石色为色调，模拟飞驰而过的窗外风景。从车外观察，前后两端LED灯图案将显示车辆是否处于自动驾驶模式。

在自然与产品、现实与数字世界之间的界限日益模糊的背景下，MINI

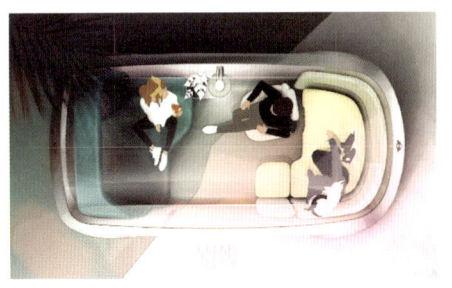

图5-20　MINI Vision Urbanaut"社交"场景下的布局特征

图5-21　MINI Vision Urbanaut"人工驾驶"场景下的布局特征

Vision Urbanaut展示了未来出行的可能性，强调自然的交互原则，使人们的精力集中在灵活而又个性化的体验上。它展现了未来内饰的多元化布局，可一键切换的智能交互方式，可根据出行需求一键改变内饰布局，将车辆的独立空间扩展到公共领域，创造了全新、丰富的出行体验。简而言之，MINI Vision Urbanaut是提供出行体验服务的一个终端，具有包容性和开放性。

（2）外饰

比例：MINI Vision Urbanaut定位为纯电MPV，车长为4.46米，采用单厢设计，前风窗玻璃可向前打开，车身整体圆润饱满，车轮最大程度置于车身四角，以将车内空间利用到极限，同时在视觉上更加紧凑灵活，如图5-22所示。

图 5-22　MINI Vision Urbanaut外观比例特征

从侧面观察，车辆的轴距相对较大，内部中间的空间被拓展，同时车轮相对车身较小，垂直方向的空间得以增大。车辆的A柱更靠前，且与原发动机舱盖融为一体，CP点几乎消失成一条连续的曲面，Y0线的特征简化为三段，一方面扩大了内部空间，以适应内饰在不同场景的灵活布局，另一方面降低了行驶时的风阻，以增加续驶里程。为进一步提高车内空间的布局灵活性，尽量将内饰空间整体化，车辆的前后悬变得很短，尾部的特征直接由大半径曲面切出，侧视尾部轮廓线与车顶轮廓线的交点最大程度后移，并保证视觉上的稳定性。

型面：MINI Vision Urbanaut外饰表面几乎没有多余的特征线，整车型面特征的变化也仅以扩大内饰空间为目的，在保证造型特征的基础上，最大程度上使外饰型面自然鼓起，尾部以最大渐消倒角的方式过渡，保证车内没有难以利用的四角空间，如图5-23所示。车身裙边的特征线通过侧面曲面与车裙曲面以最大角度自然相交实现，特征线的表现极为含蓄。整个车身表面以几乎无缝的平滑处理突出了简洁风格。

图 5-23　MINI Vision Urbanaut 型面特征

前后保险杠系统：MINI Vision Urbanaut 采用纯电驱动方式，前围不需要硕大的散热 / 进气口，前格栅以家族语言的图形进行封闭处理，如图 5-24 所示。除对格栅造型特征化分件外，前围仅用一个简洁的大曲面来概括，并将原发动机舱盖的位置融为一体，过渡到前风窗，提高前围的整体性并降低风阻。车辆后围更加简洁，通过一个饱满的曲面将尾部包裹，仅在后下方自然相交出一条与侧裙统一的特征线，同时后牌照板与前格栅的造型语言呼应，减少不必要的造型特征，使车身造型最简化，逐渐靠近产品设计的风格，实现"去车化"的造型概念。

图 5-24　MINI Vision Urbanaut 前后保险杠系统

车灯：前后灯位于车身结构之内，无具体形状，其表面型面的设计特征几乎消失，且与车身表面融合，如图 5-25 所示。车头采用了 LED 面板，车灯仅在开启时以平面形式显现。车灯采用炫彩动态设计，可显示不同颜色和样式的图形组合，并通过前围参数化的"槽口"实现动态图形化照明，并根据驾驶模式显示不同的颜色及信息。车灯的变化在一定程度上使汽车与外界建立起新的交流形式。

图5-25　MINI Vision Urbanaut车灯的变化

5.4　纯电动汽车与传统燃油汽车内外饰设计风格的差异

纯电动汽车的内饰设计更加贴近日常生活，其设计风格也受到人们日常各种生活习惯的影响。分析汽车市场上的量产纯电动汽车和纯电动概念车发现，纯电动汽车的内饰风格趋向简约化、科技化、层次化、居家化。纯电动汽车内饰通常采用简约设计，减少烦琐的按钮和开关，营造出整洁的驾驶空间。特斯拉Model S便是典型代表，其内饰以简约为特色，采用大屏幕代替传统的物理按钮，使得驾驶舱更为清爽。同时，引入形态、材质、灯光、界面等设计要素，如多屏联动、虚拟仪表板、触摸控制、氛围灯、科技感材质等，提升了用户体验和驾驶感。为打造简约和科技的风格，纯电动汽车通过不同材质、颜色和纹理的组合，营造出更丰富的视觉效果，使得内饰颇具层次感。同时，引入柔和的照明、舒适的座椅和亲和力十足的材料等温馨、舒适的元素，为车内营造出居家般的舒适氛围。当前，纯电动汽车的内饰风格侧重于满足消费者的形象思维、审美意识及情感需求，展现了人们对于未来生活的诉求。智能、有机、解构等手法被运用到内饰设计中，以构建当前汽车消费所期望的未来风格。纯电动汽车的布局优势及当前出行需求的多样化诉求，使其成为延续生活的移动空间，而多样化的生活方式也使这种移动空间的设计更贴近居家、办公、商务、娱乐等风格，内饰设计风格更加多元化、生活化。

纯电动汽车是一种以用户体验为中心并与环境结合的出行产品，是为人们提供各种出行服务的载体。纯电动汽车不仅限于"车"的特性，而是成为一种功能开放的模块，紧密联系着周围的人、物和环境，成为构成日常出行生活及与自然环境互动的一个单元，不再以自身的特有产品形态独立于人的日常生活。纯电动汽车在外观造型上逐渐呈现出与传统燃油汽车的差异，具有整体化、流动感、多样化的细节和轻盈、灵活的视觉效果。为深化现代感和未来感，纯电动汽车的车身通常更低矮，采用溜背式或流线型设计，强调空气动力学性能，使整车外观更具流动感。前脸造型呈现出整体化和简洁化趋势。部分品牌车型甚至取消了大型进气格栅，转而采用封闭式设计，强调流线型造型。同时，纯电动汽车注重细节设计，在车身、灯光等设计中融入更多独特元素，从而彰显出品牌独特性，并通过车身线条的设计、车身造型和轮廓的处理，营造出更轻快的外观，更显动感。纯电动汽车的造型风格也如同其现所扮演的角色一样在发生变化，其造型设计更趋向于本质，型面不做过多修饰，更多通过车辆本身的结构和逻辑表现最简单的特征，通过内部功能及体验来表达车辆外部特征，使纯电动汽车尽可能成为一种载人的智能电子产品，与人、周边设施、出行系统及自然环境形成相互关联的出行模块。总之，纯电动汽车的外观造型仅仅是内部体验的一种视觉指向性表现。

小结

从产品代际来看，纯电动汽车作为智能产品，摆脱了传统燃油汽车的结构和布局限制，为内外饰设计提供了更多可能性。在当前以用户体验为主导、需求日益细分的背景下，纯电动汽车已经超越了单纯的运载工具属性，转变为以用户多样化出行需求为核心的移动空间，其设计理念也真正实现了"由内而外"的转变。

纯电动汽车技术和智能化技术的进步，不仅改变了汽车设计的思维方式和研发流程，也推动了造型设计的革新。其智能化、个性化和多样化特征将更直观地体现在车身造型上，使汽车不再局限于传统的独立属性和出行功能。纯电动汽车在结构优势和用户体验方面的潜力正被深度挖掘，其开发过程中更注重结合不同场景和形式，将内外饰设计融为一体，赋予其多重属性。

纯电动汽车的内外饰设计呈现出与传统燃油汽车不同的发展趋势：

首先，内外饰的智能产品风格日益突出。以雕塑感为主要诉求的传统燃油汽车造型审美正在被解构。传统燃油汽车标志性的进气格栅在纯电动汽车上被封闭式面板取代，前脸从功能部件转向品牌符号载体。例如特斯拉 Model 3 开创的无格栅前脸设计，通过流线型曲面和几何切割工艺塑造科技感；蔚来 ET5 则在前保险杠区域植入智能交互灯语系统，将充电状态、迎宾场景等交互信息可视化。空气动力学优化成为造型设计的关键指标，隐藏式车门外拉手（小鹏 P7）、主动进气格栅（比亚迪汉 EV）等设计元素不仅降低了风阻，还形成了独特的电动化视觉符号。

其次，场景已经成为车内空间的重要设计方法。该方法的技术基础是"三电"系统，纯电平台取消了传统的机械传动结构，给予车内空间设计更大的自由度。场景的方法也为车内空间多样化提供了新的设计路径，实现了从设计产品到设计空间的观念转化。目前市面上比较流行的"奶爸车""起居室"等概念都可以看作是从场景出发的。

最后，汽车交互技术对内外饰设计产生了深远影响。随着智能表面与沉浸式交互技术的成熟和应用，物理按键被智能表面取代呈现不可逆的趋势。在智能交互技术应用到汽车上之前，内外饰设计主要是围绕造型展开的，目的是从视觉和触觉的角度给予用户好的体验。智能汽车时代，交互变得更重要，也逐渐成为内外饰设计的核心。交互和造型相互影响，车内特有的人机关系给交互提供了实体造型基础，而智能交互也为传统的内外饰造型带来了新的变化，二者共同使用户在车内的体验更加丰富和立体。

参考文献

［1］李勇，齐璐莎，郝瑞敏.用户、技术及场景驱动的汽车智能设计方法现状与发展［J］.艺术设计研究（中英文），2024（6）：117-123.

［2］严扬.城市、汽车、人——中国都市交通的未来［J］.装饰，2012（6）：40-45.

［3］郝瑞敏，李勇，陈奎文.从经验到算法：人工智能驱动的汽车造型设计研究［J］.装饰，2023（11）：114-118.

［4］吴淑杰，王亚雷，焦琛.汽车文化概论［M］.天津：天津科学技术出版社，2017.

［5］凌永成.现代汽车与汽车文化［M］.北京：清华大学出版社，2010.

［6］李彦龙，朱晖，杨志刚.基于低风阻的电动汽车造型设计［J］.同济大学学报（自然科学版），2017，45（9）：1366-1371.

［7］王朝侠.极简主义在产品设计中的应用研究［J］.包装工程，2016，37（10）：167-169.

［8］陈悦，陈超美，刘则渊，等.CiteSpace知识图谱的方法论功能［J］.科学研究，2015，33（2）：242-253.

［9］RINGLAND G. Scenario Planning: Managing for the Future [M]. Hoboken:John Wiley & Sons, 1998.

［10］马丁，汉宁顿.通用设计方法［M］.初晓华，译.北京：中央编译出版社，2013.

［11］ALMQUIST E, SENIOR J, BLOCH N. The Elements of Value [J]. Harvard Business Review, 2016（9）：46-53.

［12］赵新泉，卫平东，刘文革.新时期主动扩大进口的理论机制及政策建议［J］.国际贸易，2020（7）：47-54.

［13］宋远方，国潇丹.基于数据权的现实与虚拟闲置资产共享——区块链视角下的共享经济发展研究［J］.经济学家，2019（8）：39-47.

［14］荣朝和.互联网共享出行的物信关系与时空经济分析［J］.管理世界，2018，34（4）：101-112.

［15］王波.20、60和70——汽车风格设计的时代特征［J］.装饰，2008（4）：16-19.

［16］沙强，孙婷婷.基于智能驾驶的交互方式趋势分析［J］.包装工程，2017，38（4）：127-132.

［17］赵丹华，顾方舟.汽车内饰的造型设计与设计研究［J］.包装工程，2019，40（16）：43-61.